산림 녹화

배상원

고려대 임학과를 졸업하고 독일 프라이부르크대에서 조림학을 전공하여
이학박사학위를 취득하였다. 이후 국립산림과학원 산림생산기술연구소에서 조림 및 숲
가꾸기를 연구하였고, 스위스 연방산림과학원에서 교환학자로 6개월간 스위스의 숲을
연구하였으며, 현재는 국립산림과학원 산림수토보전과장으로 재직 중이다.
주요 연구 활동분야는 조림학(숲 가꾸기), 산림생장학, 산림생태학으로 현장 연구를
위하여 지방산림청 등 관련기관의 자문위원으로 활동하고 있다. 이외에도 일반인들을
대상으로 숲의 중요성에 대한 숲 교육을 실시하였다.
주요 저서로는 번역서인《산림생장학》,《참나무 고급재 육성》, 공저인《숲과 임업》,
《우리 겨레의 삶과 소나무》,《아름다운 숲 찾아가기》, 그리고 외국의 숲을 소개한
《숲에서 만나는 세계》등 다수가 있다.

대한민국역사박물관 한국현대사 교양총서 05

산림녹화

ⓒ 대한민국역사박물관

2013년 10월 10일 발행
2013년 10월 10일 1쇄

지은이   배상원
발행처   대한민국역사박물관
제작 · 보급 (주)나남
          경기도 파주시 회동길 193
          031.955.4601 / www.nanam.net

ISBN   978-89-300-8705-6
          978-89-300-8700-1(세트)

대한민국역사박물관
한국현대사 교양총서
05

산림 녹화

배상원 지음

대한
민국 역사박물관
NATIONAL MUSEUM OF KOREAN
CONTEMPORARY HISTORY

나남
nanam

대한민국역사박물관은 우리나라 최초의 국립 현대사박물관입니다. 500년의 전통과 현대성이 함께 숨 쉬는 광화문에 위치한 대한민국역사박물관은 일제강점기부터 현재까지 우리 한국인이 겪어온 피와 땀과 눈물의 대서사를 담은 역사 공간을 목표로 하여 건립되었습니다. 국가 상징 거리에 위치하여 과거와 현재를 이렇게 동시에 만날 수 있는 곳은 전 세계적으로 유례를 찾기 어려울 것입니다.

대한민국역사박물관은 우리의 정체성을 확인하고 우리가 걸어온 길을 되돌아보면서 앞으로 나아갈 길을 모색하는 성찰의 기회를 제공할 것입니다. 우리 한국인이 목숨 바쳐 나라를 되찾고 피땀 흘려 산업화와 민주화를 이룩한 과정을 균형 잡힌 시각으로 보여주어, 국민들이 우리 현대사에 대한 관심과 애정을 가질 수 있게 하고자 합니다.

이를 위해 대한민국역사박물관은 현대사에 대한 체계적인 자료 수집 및 관리 전시 교육 조사연구 등의 기능을 수행하고 있습니다. 특히 그동안 학계에서 쌓아온 현대사 연구 성과를 국민과 공유하는 것이 필요하다고 보고, 일반인이 좀더 쉽게 읽고 이해할 수 있는 《한국현대사 교양총서》 시리즈를 발간하게 되었습니다.

《한국현대사 교양총서》를 기획하면서 특히 중점을 두었던 점은 균형 있고 미래지향적인 역사인식을 갖추는 데 기여하는 것입니다. 한국 현대사의 여러 사건과 인물들을 둘러싸고 첨예한 논란이 벌어지고 있는 현시점에서 균형 잡힌 역사인식이 무엇보다 절실하다고 하겠습니다.

  아무쪼록 《한국현대사 교양총서》가 어렵게 느껴질 수 있는 우리 현대사에 쉽게 다가가는 계기가 되었으면 합니다. 아울러 이 총서가 한국 현대사에 대한 폭넓은 안목을 키울 수 있는 길잡이가 되기를 기대하며 독자 여러분의 많은 격려와 질정을 바랍니다.

대한민국역사박물관장

김 왕 식

숲의 시작은 인류가 지구상에 생기기 훨씬 이전인 3억 5천만 년 전으로, 석탄기(3억 6천만 년 전~2억 8,600만 년 전)에 극성기에 달하여 대규모의 숲을 형성하였다. 반면에 인류가 나타난 시기는 약 200만 년 전으로 숲보다 거의 3억 5천만 년 늦게 지구상에 나타났다. 그러나 인류의 등장은 오래된 지구 숲의 모습에 큰 변화를 가져왔다. 산업혁명 이후 대량생산, 교통량 증가 그리고 급격한 인구 증가는 숲의 감소와 함께 여러 가지로 큰 영향을 끼쳤다.

역사적으로 숲의 변화가 나타난 것처럼 우리나라의 숲도 인구가 증가함에 따라 황폐화되기 시작하였다. 특히 근대로 접어들면서 우리나라의 숲은 일제강점기, 6·25전쟁, 경제개발과정 등을 거치며 많은 변화를 겪었다. 일제강점기에는 특히 북쪽지역에 대대적인 숲의 수탈이 있었고, 6·25전쟁으로 그 피해가 더욱 악화되었는데, 이 시기에는 주거시설 복구, 난방연료 목적으로 숲을 더욱 훼손시키게 되었다. 이러한 숲의 훼손은 홍수와 가뭄으로 이어져 결국 산사태까지 일으키고 많은 인명과 재산 피해를 불러왔다.

황폐된 산림을 복구하기 위해 해방 이후부터 1970년대 초까지 사방사업을 실시하고(홍수, 산사태 방지), 연료를 공급하기 위한 연료림을 조성하고자 노력했다. 당시 우리나라는 6·25전쟁으로 폐허가 된 국가를 복구하는 데 전력을 다하고 있어 나무를 심을 여력이 없었다. 하지만 그럼에도 불구하고 나무를 심은 이유는 숲이 홍수, 산사태 등 자연 재해를 방지하고 생명과 재산을 보호하는 등 우리 생활에 중요한 역할을 하기 때문이다. 숲은 하루아침에 만들어지는 것이 아니다. 우리가 일반적으로 큰 숲, 훌륭한 숲이라고 부르는 숲의 나이는 최소 70~80년 이상으로 보통 100년이 넘는다. 이렇게 좋은 숲이 되기 위해서는 오랜 시간이 필요한 것이다. 숲이 울창한 독일의 경우도 숲은 자연적으로 생긴 것이 아니라 수백 년에 걸쳐 나무를 심고 가꾸어서 이루어진 것이다.

우리 숲도 대부분 자연적으로 형성되고 자란 것이 아니라 어린 나무를 심고, 가꿔서 만들어진 숲이다. 1972년에 시작된 제3차 경제개발 5개년 계획과 함께, 1973년에 우리나라 숲을 복구하려는 제1차 치산녹화사업이 시작되었다. 기존의 조림계획과는 달리 산림청이 조림사업을 제대로 할 수 있도록 산림청을 농림부 소속에서 내무부 소속으로 바꾸어 시행했던 만큼 당시 대통령의 국토녹화 의지는 매우 컸다. 그 결과 15년에 걸친 2차례의 치산녹화사업(1973년~1987년)을 통하여 200만ha 이상을 조림할 수 있었다. 훼손지나 산사태 발생지에는 사방지 조림을 실시하여 녹화를 하였는데 포항지역 사방사업이 그 대표적인 사례이다. 이곳은 일제강점기부터 사방사업을 했고 실패를 반복하였지만 새로운 기술을 개발하여 성공을 이룬 곳이다. 우리나라는 이렇게 녹화사업이 성공을 거둔 후 체계적인 숲 관리를 통하여 좋은 숲을 가꿀 수 있었고, 지금은 해마다 외국 사람들이 우리나라의 숲(형성, 가꾸기)을 배우러 오고 있다. 우리나라의 조림사업이 성공할 수 있었던 것은 국민의 적극적인 참여와 개인의 헌신적인 노력이 있었기 때문이다. 더불어 이러한 성공의 배경으로 새마을 운동 및 경제발전 등을 꼽을 수 있다.

이 책은 조선 후기를 시작으로 일제강점기, 8·15해방, 6·25전쟁 그리고 현재에 이르기까지 얼마나 많은 이들이 수많은 시간과 노력을 들여 산림녹화를 이룩했는지에 대해서 살펴보았다. 이를 통하여 우리는 앞선 세대들이 만든 숲을 잘 가꾸고 유지하며 후손들에게 이러한 유산을 물려줄 수 있도록 노력해야 할 것이다.

배 상 원

차례

우리 조림의
역사와 황폐화

고려시대의 숲은 개인 소유가 아니었다. 하지만 국력이 약해지면서 개인 소유를 금지한 규율이 점차 흔들리기 시작했다. 조선 후기에 들어서 국가사업을 위한 목재를 구하기 어려워졌고, 이에 민간인을 위한 목재 수급까지 어려워졌다. 인구 증가와 연료 수요 증가, 그리고 일본인의 벌채로 산림은 황폐되어갔다. 왕조시대를 시작으로 조선 후기, 일제강점기, 6·25전쟁 이후까지의 조림의 역사와 황폐화를 살펴본다.

01

왕조시대
조림의 역사와 숲

　　왕조시대, 대부분의 국가에서 숲은 삶의 필수 요소였기에 숲의 관리주체는 개인이 아니라 통치왕조였다. 고려시대에도 숲의 개인 소유는 금지되었는데 국력이 쇠약해져가는 고려 말에는 이런 규율이 점차 흔들리기 시작했다. 조선 초에는 숲을 사점私占하는 고관들을 엄벌하겠다는 교서가 내려지기도 했다.

　　숲의 이용에 관해서는 여러 곳에서 이미 언급되었지만 조림에 대한 언급은 미미한 편이다. 신라시대에 "잣나무를 높이 평가하여 식재하였다"는 기록이 《민정문서》民政文書에 나와 있는 정도가 전부이다. 이 문서는 신라 경덕왕 14년755년에 작성된 것으로, 집 10여 채가 몰려 사는 4개 마을에 잣나무 205본이 있었는데 3년간 107본을 식재하여 312그루가 되었다고 기록하고 있다. 이것이 우리나라의 첫 번째 조림기록이라고 볼 수 있다.[1]

고려시대에는 개성송악의 풍수지리설에 따라 기를 보호하려 소나무를 심은 기록들이 있다. 《고려사》 '고려세계'에는 "궁을 산의 남쪽으로 옮기고 소나무를 심어 암석이 드러나지 않게 하면 삼한을 통합할 사람이 태어나리라 하니 강충이 송악에 소나무를 심었다"고 기록되어 있고, 《고려사》 6권에는 "궁궐을 장엄하게 하기 위해 송악산 동서 기슭에 소나무를 심기도 하였다"고 적혀 있다. 이와 같이 고려시대의 소나무는 풍수지리설에 따라 조림되었다.[2]

　　조선시대에는 소나무 목재가 건축에 있어 중요한 위치를 차지하고 있었기 때문에 소나무숲은 별도로 보호하고 조림을 할 정도로 문화·경제적으로 중요시되었다. 《송금사목》松禁事目, 《도성내외송목금벌사목》都城內外松木禁伐事目, 《송계절목》松稧節目, 《금송계좌목》禁松契座目, 《송정절목》松政節目, 《금송절목》禁松節目 등의 규칙이 있었다. 이는 소나무의 보호와 육성에 관한 내용으로 조림에 관한 부분은 매우 미미한 편이다.

　　이러한 규칙 이외에도 봉산封山, 금산禁山, 송산松山과 같은 제도들도 있었다. 이것은 소나무를 보호·관리하기 위한 제도이다. 금산은 《경국대전》經國大典에 규정된 용어로 소나무의 양육을 위하여 입산이 금지된 숲이다. 봉산은 성장한 소나무숲을 보호하기 위해 입산이 금지된 숲으로, 조선 후기에는 금산과 같은 의미로 사용되었다고 한다. 봉산 중에서 황장봉산黃腸封山이라는 특별히 보호를 받는 소나무숲이 있다. 황장봉산은 황장목을 보호하기 위해 국가에서 지역을 지정하여 황장목의 벌채와 경작 등을 금하여 관리하는 지역으로 조선시대에는 60여 곳이 황장봉산으로 지정되었다. 황장목이란 '속이 노란^{적황색}' 소나무라는 의미로 조선시대에 왕실의 관곽재^{棺槨材}로 이용하기 위해 특별히 보호하였다.[3]

숲의 상태를 알아볼 수 있는 하나의 잣대는 야생동물이다. 조선시대에는 호랑이에 관한 자료가 많다. 《조선왕조실록》^{朝鮮王朝實錄}에서 호랑이 피해에 대해 살펴보면, 1600년대 후반과 1700년대 전반에는 각각 16건이고, 1700년대 후반에는 26건으로 크게 증가하였다. 1800년대에는 호랑이 피해가 3건으로 호랑이가 실제로 출몰했다는 기사는 1879년에 영춘현에서 1건, 그 외 2건이다. 그 내용을 보면 봉산에 호랑이가 기거할 위험이 있다는 걱정에 대한 내용과 '남편을 대신하여 호랑이에게 물려간 열부'에 대한 칭송이었다. 1800년대에 호환^{虎患} 기사가 감소된 것은 산림이 황폐해지면서 호랑이의 생활공간이 축소되었기 때문인 것으로 추정된다.[4]

왕조시대에도 인구가 증가함에 따라 식량을 증산하기 위한 논과 밭이 더 필요했다. 이로 인해 숲을 농경지로 바꾸려는 개간이 이루어져 숲의 면적이 크게 줄어들었다. 숲은 생활용재,

위 경상북도 울진 소광리 황장금표 / **아래** 경상북도 울진 소광리 금강소나무숲
황장금표는 자연석을 이용하여 음각으로 지역명이 적혀 있고, 소광리 소나무는 줄기가 곧고
붉은 색을 띠고 있다.

농업용재를 생산하는 곳이어서 인구가 증가하면 숲을 많이 이용하게 되어 황폐해지기 쉽다. 특히 조선시대 후반까지 숲은 국가 소유였으나 생활용 땔감, 농용용재 등에 있어서는 공동이용이 언제나 가능했다. 그러나 국정 문란, 중앙정부의 약화, 부정부패 등으로 인한 관리부실로 숲이 황폐화되는 경우도 빈번하게 발생했다. 또한 숲을 마음대로 이용할 수 있는 상태에서는 농민들도 산림을 관리하려는 의지가 약했다.

왕조시대의 조림 관련 기록에는 면적이나 식재본수가 구체적으로 명기되어 있지 않지만, 개인이 차지하는 것을 금지하고 숲의 보호에 중점을 둔 것이 대부분이다. 그러나 조림과 무육에 관해서는 마땅한 시책이 없었던 것으로 보인다. 조선시대의 조림 관련 기록에는 소나무숲의 보호에 관한 내용이 많고 다른 수종에 관한 산림정책이 없는 것이 특징적이다. 특히 숲은 사유림이 없고 모두 국유림이어서 무주공산의 개념이 강했다. 이에 따라 무계획적인 산림이용이 빈번하여 숲이 황폐화되는 경우가 많았다.

식재본수(植栽本數)

ha(10,000㎡)당 심는 나무의 그루 수로, 우리나라는 보통 1ha에 1.8m 간격으로 3,000여 본을 심는다.

02

조선 후기의
사회상과 숲

　　조선 후기에는 산지개발과 산림벌채로 하류지역에 토사가 쌓이는 경우가 적잖았다. 강릉의 경우 경포천의 상류부 해발 150~400m의 구릉지대에 산림이 개간되어 토사가 경포천을 따라 흘러내려와 경포호에 퇴적되었다. 전라남도 영암군 영산호 지역에서는 1600년대부터 화전개간과 남벌이 진행됨에 따라 토양침식이 증가하고, 그로 인해 갯벌이 매립되었다고 할 정도였다. 이러한 산림 훼손은 농업에 피해를 주고 관개수로 체계에 영향을 끼쳐 농업생산성을 저하시켰다.[5]

남벌(濫伐)
숲이 제 기능을 발휘할 수 없을 정도로 나무를 함부로 많이 베어내는 것을
의미한다.

1794년에 전라좌수영全羅左水營에서 서울로 올려 보낸 장계狀啓에 따르면 나무를 베어낸 곳은 포구에서 가까운 곳도 일부 있었지만, 7~8리1리는 0.393km, 더 멀게는 20~30리나 떨어진 곳에서 운반해 왔다고 한다. 호남지방에서도 큰 재목을 구하기가 그만큼 어려웠다는 것을 알 수 있다.

조선 후기인 1800년대 후반에 경복궁 재건공사와 같은 대규모 건축공사를 벌이면서 목재를 구하기가 어려워지자 큰 재목을 구하기 위해 왕실 소유 숲의 소나무, 마을의 노거수老巨樹까지도 베기 시작했다. 목재 수급의 어려움은 정조가 신도시 화성을 건설하는 과정에서도 나타났다.

국가사업을 위한 목재도 구하기 어려운데, 하물며 민간인들의 목재 수급은 더욱 더 힘들어졌다. 이렇게 목재가 귀해짐에 따라 조선 후기에는 산림 소유권을 둘러싼 분쟁이 급증하였다. 특히 1700~1800년대에는 '산송의 시대'라고 부를 만큼 소유권 분쟁이 심하였다. 산송山訟 사건은 1600년대 전반부에 시작되었는데, 그 건수는 1800년대 후반까지 반세기마다 두 배 이상씩 대폭 증가했다. 산송은 묘지에 관한 송사로, 주인이 있고 그

무입목지(無立木地)
숲이 있어야 할 장소에 나무가 없는 곳으로, 나무를 심어 산림을 조성해야 할 장소를 뜻한다.

조상의 묘가 있는 산에 다른 누가 몰래 묘를 쓰면서 시작되는 경우가 전체 사건 수의 7할에 가깝다.[6]

03

일제강점기의 숲

일제강점 초기 산림조사를 통하여 우리나라 숲의 황폐화가 밝혀졌다. 이에 따르면 국유림 중 관리기관이 없는 숲과 촌락 주위의 숲은 황폐화되었고, 이에 따라 무입목지가 전체의 1/4을 차지한 것으로 나타났다.

이러한 산림조사 결과를 바탕으로 인공조림이 실시되었다. 일제강점기인 1910년부터 1945년까지의 조림면적은 214만 정보^{町步: 땅 넓이를 재는 단위로 1정보는 3,000평으로 약 9,917.4m²}로, 이는 우리나라^{북한 포함} 숲 면적의 14.5%에 해당된다. 조림면적은 시작연도인 1910년에는 532정보로 국유림만 해당되었으며, 이후 국

성림지	치수발생지	무입목지	계
5,122,685	6,619,473	4,107,461	15,849,619
(32.3%)	(41.8%)	(25.9%)	(100%)

표 1 1910년 임야면적(단위: 정보)

자료: 조선산림회(1933), 〈조선임업일지〉

유림과 민유림 ^{공유림, 사유림, 사찰림 등}에서 조림이 함께 시작된 1911년에 3,578정보, 2년 후인 1913년에는 1만 2,278정보로 1만 정보를 넘게 되었다. 그리고 3년 후인 1916년에는 2만 정보를 넘었고, 1920년에는 5만 정보가 넘는 면적에 조림을 실시하였다. 이후 조림면적은 계속 증가하여 1928년에 거의 10만 정보에 가까운 면적이 조림되었다. 그러다 1935년에 6만 5천 정보 이하로 감소하였다가, 다시 증가하여 1939년에 9만 8천 정보의 면적이 조림되었다. 1940년 이후 조림면적은 천연갱신과 파종조림이 포함된 수치 덕분에 급증하게 되었다. 1910년부터 1942년까지의 33년 동안 5만 정보 이상을 조림한 연도는 1920년부터 1942년까지의 23년간이었고, 1만 정보 이하를 조림한 연도는 1910년부터 1915년까지의 6년간이었다.

전체 조림면적 중 국유림은 18만 정보로 8.4%, 민유림은 196만 정보로 91.6%를 차지하여 대부분의 조림이 민유림에서 실시되었다. 1912년에 7%까지 높아진 국유림의 점유율은 이후 급감하여 1921년까지는 2% 이하를 유지하다가 1922년부터 다

인공조림(人工造林)

어린 나무(묘목) 등을 심어서 숲을 만드는 것으로, 묘목 외에 종자를 뿌려 숲을 만든 경우도 있다. 우리나라에서는 잣나무, 낙엽송, 리기다소나무 등이 인공조림을 한 대표적인 나무 종류이다.

시 상승하여 1934년에는 12% 이상으로 증가하였다. 국유림의 점유율은 이후 다시 감소하여 7%대를 유지하다가 1940년 이후 파종조림면적이 포함된 수치 때문에 급증하는 경향을 보였다.

국유림 조림은 황폐한 숲에 우선적으로 실시되었다. 또한 천연갱신이 가능한 숲은 천연갱신을 실시하고 모수母樹가 없는 숲은 파종조림이나 식재를 우선으로 하였다. 1910년부터 1925년

국유림(國有林)
도유림, 군유림 등 주로 지방자치단체(시, 군 등)가 소유하는 산림

민유림(民有林)
도유림, 군유림 등 공유림과 개인, 회사, 단체 등이 소유하는 사유림을 총칭하는 말로 국유림에 반대되는 개념이다(국가 소유 이외의 산림을 일괄하는 총칭).

공유림(公有林)
국가가 소유하는 숲으로, 국가가 지속적으로 숲으로 보존할 필요가 있는 숲은 요존림, 숲을 다른 용도로 이용할 수 있는 숲은 불요존림으로 구분한다.

사유림(私有林)
개인이나 사법인(私法人)이 소유하는 산림으로 민유림의 하나이다. 민유림은 사유림과 지방공공단체가 소유하는 공유림으로 구성되어 있다.

모수(母樹)
나무를 벌채할 때 종자를 공급하기 위해 남겨 두는 나무(어미나무)로 대부분 가지가 잘 발달하여 수관이 우량하여 종자를 많이 생산한다. 종자가 떨어져 어린나무가 발생하게 되면서 다음 세대의 숲을 만든다.

까지의 조림에서는 소나무와 아까시나무가 주를 이루었다. 소나무는 총 2,646만 8천 본을 심어 전체의 71.1%를 차지하였고, 아까시나무는 218만 2천 본, 5.9%, 기타 수종은 855만 8천 본, 23%를 차지하였다.

소나무의 식재본수는 1910년에 22만 7천 본에서 지속적으로 증가하여 1925년에는 592만 8천 본이 식재된 반면, 아까시나무는 1910년에 47만 7천 본을 식재한 이래 1916년 56만 2천 본을 정점으로, 이후 2만 본까지 급감하여 1919년부터는 더 이상 조림하지 않았다.

그 외 국유림의 주요 조림수종으로는 소나무, 해송, 낙엽송, 잣나무가 있다. 삼나무, 편백, 가시나무는 남부지역에 시험적으로 심었다. 이외에도 상수리나무, 호두나무, 박달나무, 느티나무, 밤나무, 리기다소나무, 들메나무, 오리나무 등을 심었다.

천연갱신(天然更新)
큰 나무들의 종자가 숲 바닥에 떨어지게 하고, 그 종자가 발아하여 생긴 어린 나무가 자라게 하여 다음 세대의 숲을 만드는 것이다. 즉 나무를 심지 않고 자연의 힘으로 다음 세대의 숲을 조성하는 것으로, 종류로는 천연하종갱신과 맹아갱신이 있다.

파종조림(播種造林)
산에 나무의 씨를 직접 뿌려 숲을 만드는 방법으로, 대관령 소나무가 파종조림으로 만들어진 우리나라의 대표적인 숲이다.

위 강원도 강릉 대관령휴양림에 파종조림을 하여 만들어진 소나무숲
아래 전라북도 무주 덕유산휴양림의 독일 가문비나무숲
대관령 소나무숲은 종자를 뿌려 만든 숲이고, 무주의 독일 가문비나무숲은 같은 시기에 묘목을 심어 만든 숲으로 생장과 모양이 아주 좋다.

일제는 민유림의 조림도 적극 장려하여, 묘목의 무상배부와 조림보조를 통해 민유림의 조림을 유도하였다. 경기도 복구조림, 경상북도, 전라남도, 함경남도 수원함양조림, 경상북도 대나무 조림 등이 주된 보조 대상이었다. 또한 조림보조시에는 지역별로 조림수종을 추천하였다. 이러한 추천수종으로는 경기도는 낙엽송, 잣나무, 밤나무, 옻나무, 붉나무, 호두나무 등, 충청북도는 낙엽송, 잣나무, 충청남도는 밤나무, 대나무, 전라남도는 대나무, 호두나무, 검양옻나무, 밤나무 등, 평안북도는 낙엽송, 상수리나무, 밤나무, 물갬나무, 아까시나무, 만주흑송 등을 예로 들 수 있다. 또한 포플러, 황철나무, 버드나무류는 속성수로 조림비가 저렴하여, 1932년에는 5월 초를 포플러의 날로 설정하고 삽목에 의한 조림을 장려하여 1935년까지 10만 정보를 조림하였다.[7]

속성수(速成樹)
빨리 잘 자라는 나무로, 보통 10년에서 15년을 키워 이용할 수 있다. 포플러가 대표적인 속성수이다.

04

산림황폐화

조선 후기의 인구 증가와 연료 수요 증가

앞서 언급한 바와 같이 조선 후기에 연료와 목재에 대한 수요는 증가하는 반면에 공급은 감소했음을 나타내는 또 다른 정보가 있다. 1700년대와 1800년대 폭발적으로 증가한 사양산私養山, 즉 사점私占 산림에 대한 소유권 분쟁을 뜻하는 산송山訟이 그것이다. 이와 관련되는 고문서古文書를 취합한 한 연구에 따르면 목재나 연료의 도벌이 발단이 되어 소송이 일어난 사건은 모두 219건이었다. 이 중에서 연대를 알 수 있는 사건이 109건인데, 1600년대 후반과 1700년대 전반에 해당되는 사건은 각각 2건, 4건에 불과했다. 그런데 1700년대 후반과 1800년대 전반에는 이 수가 12건과 23건으로 증가하고, 1800년대 후반에는 68건으로 더욱 증가하였다. 이렇게 분쟁이 심해진 것은 숲이 황폐화되어 연료 구하기가 매우 힘들어졌기 때문

으로 볼 수 있다.[8]

온돌이 보급되면서 연료 수요는 더욱 증가하였다. 온돌은 조선 개국 이래 한반도 북부에서 점차 남부지방으로 확산되었고, 처음에는 궁궐이나 관공서에서만 이용되다가 1800년대에 이르러 일반 백성의 대중적 난방방식으로 전국에 보급된 것으로 보인다. 또한 조선 후기에는 야철업冶鐵業, 요업窯業, 유기업鍮器業, 자염업煮鹽業 등 수공업이 크게 발전하여 연료 수요가 증가해 산에서 너도나도 땔감을 구했다. 1876년 개항 이후 조선에 온 외국인들의 눈에도 이 같은 산림자원 착취는 이해하기 어려울 정도였다. 그들의 견문록 곳곳에서 땔감 지게를 짊어진 노인이나 소년의 사진을 볼 수 있고 나무꾼에 대한 묘사도 많이 나온다. 서울 시장에서 나무뿌리를 숯으로 구워 파는 모습을 보고 놀랐다는 일본인도 있었다.[9]

100년 전 남·북한 전역의 산림 모습은 일제강점기 조선임적조사사업의 하나로 현지를 찾아 만든 현존 최고最古의 한반도 산

자염업(煮鹽業)
햇볕에 말린 갯벌을 바닷물로 걸러 염도를 높인 후 가마에 끓여 소금을 생산하는 직업으로, 연료로는 나무를 주로 이용하였다. 자염은 우리나라 전통 재래 소금이다.

림분포도 축척 1:50만에 나타나는데, 이에 따르면 한반도 전체의 산림 면적은 1,585만ha 섬 지방 제외로 전 국토의 71%에 이른다. 숲 구성은 큰나무 숲 성숙림 32%, 어린나무 숲 치수림 42%, 민둥산 무립목지 26% 등이었다. 임상분포는 소나무와 같은 침엽수림이 43%로 활엽수림 30%보다 많았고, 북한지역에는 백두산을 중심으로 비교적 울창한 숲이 있었다. 반면, 남한지역에는 백두대간에 큰나무 숲이 일부 남아 있을 뿐, 해발고도가 낮은 곳에는 어린나무 숲과 민둥산이 대부분을 이루었다. 수종분포 소나무, 침엽수, 활엽수, 소유구분 국유림, 사유림, 사찰림, 임상분포 성숙림, 치수림, 무립목지, 봉산 조선 후기 국가직속관할 산림 등과 같은 정보가 담긴 이 지도는 매우 짧은 기간 약 5개월에 현지를 답사해 만든 탓에 정확도는 떨어지지만 1세기 전 우리나라 산림모습을 그리고 있다.[10] 조선 후기 도시 주변의 숲과 남쪽 지역은 땔감 수요가 많아 대부분 황폐화되었으며, 북쪽 고산지대와 강원도 지역 등에서만 울창한 숲이 남았다.

산림황폐는 1895년 청일전쟁淸日戰爭에서 승리한 일본이 중국과 맺은 시모노세키조약下關條約에 의해 우리나라 압록강 주변의 벌채권을 확보하고, 1896년과 1903년에 러시아가 우리나라와 삼림협약을 맺어 압록강과 두만강 유역의 산림벌채권을 얻어내면서 더욱 악화되었다.

이후 발생한 러·일전쟁은 그 발단이 러시아의 압록강, 두만강 유역의 산림벌채를 빙자한 영토침략이 있었기에 목재전쟁이라고도 불린다. 러·일전쟁은 압록강에서부터 전개됐다. 이 전쟁에서 승리한 일본은 군사 목적을 위하여 즉시 목재 관리를 군정軍政하에 두어 벌채를 시작하였다.[11]

일제강점기 산림 수탈

일제는 한국을 점령하자마자 학술조사라는 이름하에 우리나라의 모든 자원을 조사하였는데, 산림자원에 대한 조사도 전국을 대상으로 실시하였다. 이후 전국에 14개의 영림서營林署를 설치해 국유림을 관리하였고, 이 중에 11개의 영림서를 평안북도, 함경남도와 함경북도에 설치하여 산림이 많은 압록강, 두만강 유역과 백두산 주변의 원시림을 벌채하였다. 특히 압록강 연안의 잣나무원시림을 벌채하여 만주지역의 건설 사업에 투입하였다.[12]

일제는 황무지에 나무를 심어 산림을 조성했을 뿐 아니라 우리나라 숲을 수탈하기도 하였다. 일제 36년 동안 일본이 우리나라에서 수탈한 산림은 5억m³에 달했다. 이는 지난 2003년의 우리나라 산림 축적량 4억 6,800만m³보다 많은 규모다. 국내 목재의 m³당 가격이 10만 원 수준인 점을 감안할 때 일제에 수탈된 목재 5억m³를 돈으로 환산할 경우 50조 원에 이른다.

일제는 특히 보존가치가 매우 높은 수령 200~300년의 천연자연림 수탈에 혈안이 되었으며, 압록강과 두만강 유역에 밀집

된 천연림을 대부분 수탈했다. 조선총독부 임야통계에 따르면 1927년부터 1941년 사이 압록강 유역 평안북도의 산림축적은 전체의 34% 이상인 2,100만m³가 줄어들었고, 두만강 유역 함경북도의 산림축적은 1,600만m³가 줄어들었다. 또 태백산맥이 포함된 함경남도의 산림축적도 전체의 31%에 해당하는 2,900만m³나 사라졌다. 북부 국유림 지역에서만 14년간 30% 이상을 마구 베어간 것이다.

일제는 이렇게 국유림에서 용재를 늘려 총독부 세원을 확대하려 하였고, 특히 태평양전쟁이 발발한 후에는 만주 개발수요에 부응하고 전시자재를 충당하기 위해 벌채량을 전쟁 전의 2~3배로 늘려 숲을 황폐화시켰다. 1927년부터 1941년 사이의 축적량의 차이는 5,000만m³이지만 나무가 매년 자란다는 점을 감안하면 이 기간에 벌채된 나무의 양은 이보다 훨씬 많다.[13]

이외의 지역에서도 나무가 많은 곳에서는 어디서든 벌채가 이루어졌다. 특히 경상북도 봉화-울진지역에서는 커다란 금강소나무가 베어져 나갔다. 금강소나무 벌채를 위해 일제가 운영하는 조선임업개발주식회사에서 일하는 일본인 90여 가구가 있을 정도였다. 이들은 벌채를 위하여 한국인 노무자를 하루 200~300명 고용하였다. 벌채된 소나무는 봉화군 현동면 야적장에서 건조한 후 영주에서 기차편으로 부산으로 운반한 뒤에 배편으로 일본까지 운송하였다. 이때 자른 나무의 밑동은 4명이 앉아 식사를 할 정도로 컸다고 한다.

제2차 세계대전이 한창이던 1940년대 초에는 소나무를 베고 난 그루터기를 파헤쳐 수집한 송진을 채취하였다. 이렇게 그루터기까지 파헤치자 장마철에 산사태와 홍수가 더욱 더 늘어났다. 해방 직후인 1947년에는 대부분의 산림이 황폐화되어 사방사업이 필요한 산지가 44만ha에 달하였고 임목축적 또한 ha당 9m²도 되지 않았다.[14]

해방과 6·25전쟁 이후의 숲

해방 이후에는 6·25전쟁 등의 사회재난이 산림 황폐를 가속화했다. 일제 말기부터 시작된 전쟁물자 조달, 해방 후의 인구 증가, 6·25전쟁과 전후복구를 위한 자재수요의 증가, 여기에 국가의 산림관리 기능 실종까지 가세하여 산림자원은 더욱 황폐

금강소나무

우리나라 소나무를 5개 유형(동북형, 금강형, 중부남부평지형, 위봉형, 안강형)으로 구분하는데, 금강형 소나무는 태백산맥을 중심으로 분포하고 있다. 금강 소나무는 줄기가 굽지 않고 곧게 자라며, 붉고 마디가 길게 자라는 특징을 지니고 있다. 이러한 금강형 소나무를 일반적으로 금강소나무라고 하는데, 경상북도와 강원도에 주로 자란다.

산림황폐

화되었다. 또한 1950년대까지 난방이나 취사를 위한 연료는 대부분 산에서 채취하였으며, 나무를 난방용으로 이용하는 우리나라 특유의 온돌문화 때문에 겨울철에는 엄청난 양의 나무를 소비할 수밖에 없었다. 이렇듯 난방 및 취사연료의 부족으로 마을 주변의 산은 민둥산이 되어 마을 멀리 있는 산까지 가서 나무를 채취하였으며, 가까운 산에서는 나무뿌리마저 뽑을 정도가 되었다.

숲이 황폐화됨에 따라 조금만 비가 내려도 홍수가 나고, 강바닥이 높아져 큰비만 오면 제방이 허물어지거나 터져서 논이 매몰되고, 가뭄이 들면 농사피해가 커졌다. 또한 바람이 불면 흙먼지가 날려 비옥한 땅마저 황폐화되었다. 이러한 폐해는 국토의 사막화를 우려할 정도에 이르렀다.

6·25전쟁으로 인한 산림피해는 전체 산림면적의 30% 이상인 것으로 추정된다. 특히 포격이나 폭격 등으로 인한 전쟁 중의 직접적인 피해가 많았을 것으로 여겨진다.

또한 6·25전쟁 기간 동안 한국군 ^{경찰 포함} 63만 명, UN군 15만 명을 포함하여 78만 명이 전사·전상·실종되었고, 북한군 80만 명, 중공군 123만 명 등 약 203만 명의 사상자가 생겨 군인피해만도 총 281만 명에 달하였다. 전체 인구의 절반 이상이 전화戰禍를 입었다. 물적 피해도 막심하여 부산 교두보를 제외한 전 국토가 전쟁터가 되었을 뿐만 아니라 서울이 세 차례 전쟁의 포화에 싸여 중부지역에 커다란 피해가 발생하였다. 남한 제조업 시설은 1949년 대비 42%가 파괴되었고, 북한은 1949년 대비 공업시설의 60%를 잃어버렸다. 이런 가운데 개인의 가옥과 재산이 많은 피해를 당한 것을 비롯해 군사작전에 이용될 수 있는 도로, 철도, 교량, 항만 및 산업시설이 크게 파손되었음은 물론 군사시설로 전용轉用된 학교 및 공공시설도 파괴되어 국민 생활의 터전과 사회·경제체제의 기반이 황폐화되었다.[15]

또한 6·25전쟁 직후인 1955년부터 1964년까지 10년 동안 홍수로 1,300여 명이 희생되었고, 21만 7천여 명의 이재민, 19만 9천ha에 달하는 면적의 농경지 유실이나 매몰이 발생하였다.[16] 전쟁으로 인한 산림피해가 이러한 홍수피해를 발생시킴으로써 산림피해로 인한 추가피해가 컸음을 알 수 있다. 산림 황폐화는 1950년대 후반에 가장 극심하였는데, 1956년에는 사방사업이 필요한 산지가 68.6만ha에 달하여 남한 산림면적의 10% 이상이 풀과 나무가 없는 극심한 황폐지였고, 전체 산림의 절반 이상이 민둥산이었다.[17]

산림 녹화

남북이 분단되고 대한민국 정부가 수립됨과 동시에 인구가 급증하여 산림은 더욱 황
폐화되었다. 우리나라는 황폐해진 산림을 녹화하기 위해 국유림 경영을 위한 영림서
를 설치하였다. 건국 초기 정부는 미군정하에 조림을 실시하고, 식목일을 제정하며
1, 2차 치산녹화계획을 추진하여 산림녹화를 위해 힘썼다. 대한민국 건국기와 경제
개발계획 초기를 시작으로 산림녹화를 위한 실천들을 살펴본다.

대한민국 건국기와
경제개발계획 초기

대한민국 건국 초기(1945~1960년)

남북 분단으로 인한 피란민 발생으로 남한의 인구가 급증했는데, 이러한 상황의 직·간접적인 영향으로 산림은 더욱 황폐화되었다. 1948년 8월 대한민국 정부가 수립되면서 이러한 산림황폐화에 대한 국가적인 대처를 위해 농림부 산림국農林部 山林局이 설치되었다. 1949년에는 '중앙임업시험장 설치법'이 공포되어 시험연구가 공식화되었다. 또한 중앙산림조합연합회中央山林組合聯合會가 창립되었으며, 리·동의 최소 행정단위에는 마을 산림계, 시·군에는 산림조합이 창설되었다. 1950년 2월에는 국유림 경영을 위한 '영림서 설치법'이 공포되어 춘천, 강릉에 2개의 영림서가 설치되었다.[1]

해방 이후 미군정하에서 1948년까지 실시된 조림면적은 3년간 10만 5천ha를 조금 넘는다. 여기에는 국유림이 12%, 사유림이 88%를 차지하여 사유림에 집중적인 조림이 이루어졌음을 알 수 있다. 미군정은 1947년에는 2만 8천ha를 조림하였고 1946년과 1948년에는 각각 3만 8천ha를 조림하였다.

미군정은 또한 4월 5일을 식목일로 제정하여 식목일 행사를 실시하였다. 식목일은 숲 사랑 의식을 높이기 위해 1946년에 제정된 법정기념일로, 이날은 신라가 삼국통일을 이룩한 677년 2월 25일음력에 해당되는 날이자, 조선 성종이 세자·문무백관과 함께 동대문 밖의 선농단先農壇에 나아가 몸소 제를 지낸 뒤 농사를 지은 날인 1343년성종 24년 3월 10일에 해당되는 날이다. 또한 계절적으로 청명淸明 전후로 나무 심기가 좋으므로 이날을 식목일로 지정하였다.

1949년 공휴일로 지정된 식목일은 1960년을 제외하고는 공휴일로 유지되다가, 2006년 주5일 근무제 시행으로 공휴일에서 제외되었다. 주요행사는 나무를 심는 일로, 전국의 관공서·직장·학교·군부대·마을에서 각 지역의 토양에 맞는 나무를 심는다. 정부는 수종별 특징 및 식재植栽, 그루당 비료량 등의 기준을 마련해 심도록 권장하며, 식목일 전후 한 달 가량을 국민 식수기간으로 정해 산림녹화 및 산지자원화를 추진하였다.[2]

1948년 건국 이후 정부는 1949~1958년까지의 민유림 조림 10개년을 5년 기간으로 구분하여 1차와 2차 민유림 조림 5개년 계획을 진행하였다. 1950년 6·25전쟁으로 인하여 성적이 부진하였지만, 6·25전쟁 중에도 28.9만ha를 조림하여 계획의 40% 이상을 달성하였다는 사실은 산림녹화의 중요성이 얼마나 큰지를 말해주고 있다.

전쟁 중인 1951년에는 황폐림의 토양유실 방지와 임산자원 확보를 통해 임업경영기반을 세우고 농업용 임산물의 자급자족을 도모하기 위해 산림조합을 중심으로 3년간 속성으로 녹화 조림을 하는 속성녹화 조림사업 추진계획이 수립되었다. 이전에도 황폐임야에 대해 인공식재 조림사업을 집중 실시하였으나 조속한 복구가 어려웠다. 산림계가 자력으로 속성녹화 조림사업을 실시하면 농촌연료, 가축사료, 밀봉재원 등을 얻을 수 있었기 때문에 황폐임야의 단기 녹화를 목표로 하였으나 그 성과는 미미할 수밖에 없었다.[3]

특히 해방 직후 가정연료는 거의 모두 임산연료에 의존하였으므로 생장이 빠른 나무로 마을 주변에 연료림을 조성하고, 수종은 아까시나무, 참나무, 오리나무 등 속성수종을 대상으로 했다. 묘목은 정부에서 양묘업자로부터 구입, 현물로 지원하고, 식재작업은 산림계원들이 제공하고, 아까시나무 양묘를 산림계에 위탁하여 산림계의 활성화를 기하였다. 1,800만 톤의 임산연료를 공급하기 위해서는 당시 존재하는 숲만으로는 충당이 어려웠기 때문에 별도 연료림 조성이 필요하였다. 임산연료 이외의 해결책으로 1957년부터 도시와 농촌의 연료를 구분하여 도시연료는 석탄연료로 대체하였다. 하지만 농촌연료는 여전히 임산연료에 의존할 수밖에 없어 1959년부터 1963년까지 5년간 마을 산림계가 공동 연료림을 조성하기로 하였다. 농가 호수 209만 4,650호의 연간 연료 수요량이 1,047만 3,250톤이므로 한 가구당 5톤을 매년 보속적으로 생산할 수 있게 연료림을 조성하는 데 기존 연료림 28만ha 외에 추가로 필요한 66만ha 연료림을 5년 동안 조성하는 것을 연료림 조성의 목표로 하였으나 그 결과는 미미하였다.[4]

광복 이후 1961년 '산림법'이 제정되기까지 장·단기적인 조림계획은 있었으나 그 성과는 극히 미약하였다. 1947년 당시의 조림면적 37만 8천ha에 10년 내에 인공조림을 실시하자는 '조림 및 사방사업 10개년 계획'을 1949년에 재수립하여 39만ha를 조림하려 했으나, 이는 빈약한 국가재정과 사회혼란 등으로 제대로 시행되지 못하였다. 1948년 이후 정부의 조림 기본원칙은 나무 한 그루를 베면 5그루를 식재하는 것이었으나, 이 또한 제대로 시행되지 못하였다. 조림계획의 부진 원인은 국가재정의 빈약, 사회질서의 혼란, 서민생활의 궁핍으로 인한 과다한

연료림(燃料林)

연료를 생산하기 위한 숲으로, 우리나라에서는 아까시나무가 연료림을 조성하는 수종으로 주로 이용되었다.

연료채취 등이었다.

정부는 1952년 전쟁상태가 호전되어 피난민의 수복안착과 함께 산림사업도 좀더 계획적으로 진행하기 위해 조림사업을 추진하는 동시에 생울타리 조성 5개년 계획을 수립하였다. 농가의 울타리를 나뭇가지로 만들기 때문에 나무가 많이 벌채되므로 이를 줄이기 위하여 측백나무, 탱자나무, 향나무 등을 심어 생울타리를 조성한다는 계획이었다. 그러나 이 역시 정부 지원이 미약하여 제대로 수행되지 못하였다.[5]

조림면적은 1949년 이후 6·25전쟁으로 인해 1952년, 1953년에는 5만ha 이하로 감소하였다. 이후 증가하여 1957년부터는 10만ha를 넘어, 총 조림면적은 106만ha에 이르렀다. 연료림은 1957년부터 4년간 26만ha가 조성되었다. 용재수 조림은 1949년부터 1960년까지 총 68만ha에 이루어졌다. 또한 특수림 조림은 1957년에서 4년간 민유림을 대상으로 실시하여 9만 2천ha에 이루어졌다.

해방 이후인 1946년부터 1960년까지의 조림면적은 총 128만ha로, 연평균 8만 5천ha가 조림되었다. 6·25전쟁 중에도 4만~9만ha의 조림이 이루어졌다. 용재림, 연료림, 특수림(유실수 등) 조성대상지는 사유림이 대부분을 차지하며, 국유림은 미미하거나 거의 없는 해도 많았다.

1960년대 경제개발계획 추진 초기(1960~1972)

제2차 경제개발계획에서는 산림녹화를 목표로 산림정책 분야를 강화시키기 위한 시책과 산림자원의 증식이 추진되었다. 국가경제의 발전에 있어서 산림사업이 차지하는 비중이 커지면서 산림행정기구의 확대론이 대두됨에 따라 1967년 농림부 산하 외청으로 산림청이 발족하였고, 그 이후부터 산림정책의 기본방향이 종래의 '보호 위주'에서 '산업활동'으로 전환되었다. 다량의 목재가 소요되는 전주와 침목 등의 대체재가 개발·이용된 것을 비롯하여 관官주도적인 행사로 실시되던 조림과 사방 등의 산림자원 조성사업을 온 국민적인 행사로 시행한 것도 일찍이 없었던 일이었다. 또한 산림자원 조성과 농가소득 증대를 위한 속성수 조림, 산지이용구분조사 결과에 따라 대단지 조림을 실시하였다. 또 산림계 활성화 시책, 국고보조에 의한 양묘사업, 대집행조림代執行造林의 수익분배계약 체결과 조림·사방사업의 참여자에 대한 양곡지원 등이 추진되었다.[6]

산림청이 생기기 이전에는 땔감 채취의 방지와 연료림 조성사업이 대대적으로 추진되었다. 특히 도벌 방지에 주력하였지만 그 성과는 미미하였다. 그러던 중 대표적인 도벌 사건이 지리산에서 일어났다. 1964년에 적발된 이 사건은 2년에 걸쳐 자행됐으며, 지리산 일대의 천연림 1만m^3(면적 2,600ha)가 훼손되었다. 이 대형 도벌사건에 전라남도, 전라북도, 경상남도 3개도의 경찰이 함께 수사를 벌였다. 이러한 대규모 도벌사건은 당시 농림부 산림국이 산림청으로 발족되는 계기가 되었다.[7]

1967년 산림청 발족으로 조림사업이 활발해졌다. 첫해에는 우리나라 역사상 최대 규모인 45만 4천ha를 식재하였다. 이렇게 대면적 조림이 가능했던 것은 범국가적으로 국토의 녹화사업이 추진되었고 이에 따른 준비가 철저했기 때문이다. 특히 조림을 위한 묘목 생산은 한두 달 안에 이루어지지 않고 2~5년이 걸리므로 이러한 조림사업은 수년 전부터 준비되었던 것이다. 또한 조림사업을 범국민운동으로 추진하여 정부 각 기관, 군인, 각급 단체, 학교 및 마을 산림계원이 총동원되어 수행하였기에 가능하였다.

범국민적인 조림사업 추진 외에도 산림청은 1968년을 국군파월 기념 조림의 해로 정하고 이를 기념하는 용재림 단지를 조성하는 등 다양한 행사를 전개하였다. 또한 밤나무, 호두나무, 감나무 등 유실수와 대나무 등을 집중 조림하여 농가소득 증진에 힘썼다. 이외에도 당시 대통령의 지시로 1968년 11월에 호주, 뉴질랜드, 인도네시아, 타이완 등의 숲을 시찰한 초

도벌(盜伐)

산림의 생산물(조림된 묘목도 포함)을 절취(截取)하는 행위를 말한다. 산림청이나 소유주의 허가를 받지 않고 몰래 벌채해서 이용하는 경우다.

대 산림청장이 1969년도에 대단지 조림 계획을 제시하였다. 이 계획에서는 수종별 대단지 조림계획1970~1974, 대단지 사후관리 계획1970~1974, 대단지 임도 및 방화선시설 5개년계획1970~1974, 대단지 임목축적증강계획1969~2004, 대단지 임산가공시설계획1979~2004 등 우리나라 숲의 모습을 바꾸는 30년 이상의 장기 계획이 구체적으로 제시되었다.[8]

1967년도는 산림청의 발족과 함께 우리나라 역사상 조림을 가장 많이 한 해로서 국유림 1만 5,500ha와 민유림 43만 9,279ha를 합하여 총 45만 4,779ha를 식재하였다. 이 사업은 범국민운동으로 정부 각 기관, 군인, 각급 단체, 학교 및 부락 산림계원이 총동원되어 성공적으로 완수되었다. 사업의 대부분을 차지하는 연료림 조림은 인건비로 양곡을 지급하였다. 사업 착수 전에 시·군·읍·면·리·동 산림계별로 사업지도자에게 정신교육을 겸한 기술교육을 실시하고 사후관리까지 책임지도록 일괄 책임제를 강력히 실시함에 따라 당초 계획대로 완료되었다.

또한 정부는 산림자원의 점차적인 고갈과 연중행사처럼 발생하는 홍수와 가뭄 등에 대처하기 위하여 1965년에 연료림 단기조성계획을 수립하고 조림하지 않은 46만ha의 소요면적을 1967년까지 완료하는 것을 목표로 연료림 조성안을 마련하였다. 연료림 조림을 마무리하는 해인 1967년의 조림실적을 살펴보면, 총 조림면적 45만 1,779ha 중 연료림이 36만 4,751ha에 달하여 전체의 80% 이상을 차지하는 것으로 나타났다. 1959년부터 1967년까지 153개 시·군, 2만 1,339개 산림계에 연료림 78만ha를 조성하였으나 생육 부진, 타용도 전환 등으로 연료림 면적은 감소하였다. 1972년에 실시한 제1차 연료림 실태조사 결과 연료림 면적은 43만 5천ha이었다.[9]

1965년부터는 조림사업을 추진하기 위해 나무심기에 많은 예산을 편성하여, 민둥산에 나무 심는 일을 젊은이들을 위한 일자리로 제공하였다. 1967년 초대 산림청장은 치산치수를 제1목표로 청와대와 핫라인을 구축, 본격적인 나무심기와 사방사업에 돌입했다. 당시 작업인부로 참여한 마을 주민들의 임금은 정상 임금의 절반 수준에 불과하였고, 노임을 밀가루로 지급하였지만 인부 동원에 어려움은 없었다고 한다. 당시는 밀가루를 받는 일자리마저 구하기 어려운 시절이라 많은 사람들이 지원하여 인부를 선발할 정도였다. 이외에도 정부는 '녹화 촉진 임시조치법'1963년 2월~1964년 12월까지의 한시적인 법을 마련하여 공무원, 학생, 병역 미필자들을 나무심기 사방사업에 투입하는 등 강력한 산림보호 시책을 펼 수 있었다.[10]

1960년대 들어서는 민유림을 대상으로 자력조림을 권장하였고, 용재림에 대해서는 장기융자를 시작하였다. 그리고 용재림과 연료림 조성을 추진하였다. 연료림에는 아까시나무, 산오리나무, 사방오리나무, 리기다소나무, 해송, 상수리나무 등을 주로 심었다. 1961년부터 1972년까지의 전체 조림면적은 195만ha로 연평균 15만ha를 조림하였다. 이 중 가장 많이 심은 나무는 26.3%를 차지한 리기다소나무이고 아까시나무45만ha, 낙엽송35만ha, 산오리나무14만 8천ha, 해송10만 5천ha, 잣나무6만 5천ha, 오리나무4만 3천ha가 연료림 수종의 대부분을 차지했다.

전체 조림면적 중에서 침엽수는 114만 6천ha, 58.8%, 활엽수는 78만 9천ha, 40.4%를 차지하여, 침엽수가 활엽수보다 18.4% 포인트 많았다. 조림면적은 1967년 45만 5천ha로 가장 많았으며, 이후 조림면적은 감소하였다.[11]

1960~1972년 사이의 주요 침엽수 조림수종인 리기다소나무, 낙엽송, 잣나무의 조림면적은 총 92만 8천ha로, 이 기간 조림면적의 47.6%를 차지했다. 가장 넓은 범위를 가진 리기다소나무의 조림면적은 51만 3천ha로 연평균 3만 9천ha였다. 1967년에는 17만 3천ha를 조림하여 정점을 이루었는데, 이 수치는 단일수종으로 1년간 조림한 면적으로는 최대치에 달한다. 이렇게 리기다소나무가 조림된 것은 연료림 조성의 일환으로,

---

용재림(用材林)
용재(연료 이외의 건축재, 기둥재 등의 용도)를 생산하기 위한 숲을 말한다. 용재림은 실생묘로 키우며, 보통 벌기가 길고 수고가 높아 고림(高林) 또는 교림(喬林)이라 한다.

대면적 조림이 실시된 후에는 대면적 조림대상지가 감소하여 조림면적은 급감하였다.

리기다소나무와는 달리 낙엽송과 잣나무는 용재수종으로 구분되어 입지조건이 비교적 좋은 곳에 심어 전반적으로 조림면적이 적었던 것으로 추정된다. 남부지역에 주로 조림된 삼나무와 편백의 조림면적은 총 8만 2천ha였다. 삼나무는 4만 1천ha로 연평균 3,300ha, 편백은 3만 8천ha로 연평균 2,900ha로 거의 같은 면적에 조림되었다. 1966년부터 조림면적이 증가하는 추세를 보면 1972년에는 삼나무와 편백의 조림면적이 각각 5천ha 정도에 도달하였으나 그 비중은 미미한 편이었다. 이 시기에 용재수종보다는 연료림 조성에 더 많은 사업이 진행되었다. 반면 우리나라에서 단일수종으로 가장 분포도가 높은 소나무의 조림면적은 1%에도 못 미치는 1만 6천ha로, 이는 연평균 1,300ha에 불과하였다.

1960~1972년 사이의 주요 활엽수 조림수종인 아까시나무, 산오리나무, 사방오리나무는 연료림 조성수종으로 대면적 조림이 되었으며, 이 기간 조림면적의 33.0%인 64만 8천ha를 차지

용재수종(用材樹種)

용재를 생산할 수 있는 나무 종류로 소나무, 낙엽송, 잣나무, 리기다소나무 등이 대표적인 용재수종이다.

위 경상북도 칠곡의 아까시나무숲 / **아래** 강원도 강릉 왕산 낙엽송숲
아까시나무숲은 초기 연료림으로 조성되어 밀원식물로 이용되며, 용재수로 조림된 낙엽송
숲에서는 합판용재가 생산될 수 있다.

하였다. 가장 조림면적이 많은 아까시나무의 조림면적은 45만 2천ha였다.

1960~1972년 사이에는 유실수인 밤나무, 호두나무 등이 특수림 조성에 이용되었다. 이 기간 밤나무와 호두나무의 조림면적은 전체의 2.7%인 5만 3천ha를 차지하였다.[12]

● 양묘

조림사업을 위해서는 기본적으로 식재를 하기 위한 묘목이 필요하므로 묘목 생산이 필수적이다. 치산녹화사업이 시작되기 전인 1960년대에는 산림청 발족 이전인 1961년부터 1966년 사이 5년간에 45억 본 이상을 생산하여 150만ha를 조림할 수 있는 물량을 생산하였다. 이 중 성묘成苗는 34억 본, 유묘幼苗는 11억 본을 차지하였다. 1ha를 조림하는 데 묘목 3,000본이 필요하므로 성묘만 조림을 하여도 100만ha 이상을 조림할 수 있는 양이다. 1967년부터 1972년까지 6년간의 묘목 생산량은 67억 본이 넘었다. 이는 200만ha 이상을 조림할 수 있는 물량이며, 성묘는 39억 본으로 130만ha를 조림할 수 있는 물량이었다. 이렇게 많은 양의 묘목을 생산하였기 때문에 1967년 한 해에 45만ha의 조림이 가능하였다. 또한 1967년의 묘목 생산량은 성묘만 17억 본으로 50만ha의 조림이 가능한 물량이었다. 1961년부터 1972년까지의 전체 조림면적은 195만ha로 연평균 15

만ha를 조림한 것을 감안하면, 1960년대에 수십억 본의 묘목을 생산하는 노력이 있었기 때문에 조림이 가능했다는 것을 알 수 있다.[13]

02

치산녹화 시대

1차 치산녹화계획 시기(1973~1978)

1972년부터 1976년까지 제3차 경제개발 5개년 계획의 특징은 성장, 안정, 균형의 조화에 의한 개발성과의 보편화, 농업개발을 바탕으로 하는 공업의 고도화와 자립적 경제구조의 구축, 국토의 종합개발에 기초하는 지역개발의 균형에 있었다. 즉, 제3차 계획은 지난날의 '성장' 중심 일변도에서 벗어나 '균형'을 위한 지역개발의 확대, 농어촌 생활향상 및 개발에 중점을 둔 새마을운동이라는 농촌개발운동과 연계하여 추진되었다.

제4차 경제개발 5개년 계획은 그동안의 개발기반과 국민의 개발의지를 바탕으로 하여, 대외지향적인 공업정책으로 수출을 크게 증진시켜 국내수지를 개선하고 고용기회를 확대하는 등 자력성장의 기반을 조성하는 데 목표를 두었다. 경제발전 단계에 적합한 소득분배와 생활환경 개선에 주력하여 국민복지와 생활의 질을 향상시키는 데 주안점을 두었다. 경제개발계획과 함께 추진된 제1차 치산녹화 10개년 계획은 기본목표를 국토의 녹화에 두고, 새마을운동을 통하여 조림애국사상의 생활화로 녹색혁명을 이룩하는 것을 기본방향으로 하였다. 제1차 계획은 산림 기본계획 없이 녹화를 위주로 하는 독자계획으로 수립되었다.[14]

1973년 1월 대통령 국정운영에 관한 연두기자회견 중에는 나무 심기를 강도 높게 추진해 확실한 국토녹화를 이루겠다는 내용이 포함되었다. 박정희朴正熙 대통령은 "전 국토를 녹화하기 위한 10개년 계획을 세워 푸른 강산을 만들겠다"고 국민과 약속했다. 국토녹화 선언은 산림청과 사전에 어떤 협의도 거치지 않고 이루어져 산림청에서는 이후에 국토녹화계획을 수립해야 할 정도로 당시 대통령의 국토녹화에 대한 의지가 높았다. 발표 후 3일 만에 산림청장 인사가 있었는데, 당시 경기도지사로 있던 손수익孫守益을 산림청장으로 임명하였다. 이러한 인사는 녹화사업의 신호탄으로 보일 정도로 파격적인 인사였다.

신임청장은 내무부 지방국장 시절 새마을운동 창안에 참여한 사람으로, 서울-춘천 간 국도변을 시범적으로 정비하라는 지시를 받고 1년 만에 대대적인 정비를 끝낸 추진력을 가진 인물이었다. 1973년 1월에 내무부 국정보고시에 산림정책에 대해 질책이 내려지는 일이 발생하였다. 산림정책을 시행하는 부서가 산림청인데 내무부에 산림에 관하여 질타한 것은 이례적인 일이라 모두가 의아해하였다. 질타의 내용은 산림정책을 근본적으로 재검토하고, 산림청 예산은 적었지만, 이를 효율적으로 사용하였다면 산은 푸르러지고 나무도 많이 컸을 것이며, 또 산림 연구자들은 우리나라의 기후와 토양에 알맞은 수종을 연구개발해야 한다는 것이었다. 개발한 묘목을 공급해야 하는데도 이를 못하고 자기 할 일을 다 한 것처럼 생각하는 자세는 고쳐야 한다는 것이었다.[15]

이런 일이 있은 지 20일 후에 농림부 소속인 산림청을 내무부 소속으로 이관하라는 지시가 대통령으로부터 내려져, 3월 3일에 산림청은 내무부 소속이 되었다. 산림청의 소속변경은 국토녹화사업에 내무부의 행정력이 동원된 것이었다. 그래서 치산녹화 10개년 계획은 내무부에서 수립하게 되었으며 실질적인 내용은 당시 새마을국장이 전담하였다. 그 주요내용은 다음과 같다.

첫째, 10년 내에 국토를 완전히 녹화한다.

둘째, 절대녹화, 절대보호를 목표로 하는 치산녹화 10개년 계획은 조기녹화를 위하여 속성수와 장기수 비율을 7대 3으로 하고, 10대 수종을 표준화한다.

셋째, 양묘는 마을 주민들이 협동 생산하여 주민들에게 소득

구분	주수종	부수종
유실수	밤나무	감나무 · 은행나무 · 호두나무 · 유자나무
속성수	이태리포플러 · 은수원사시나무	오동나무 · 오리나무 · 아까시나무
장기수	잣나무	낙엽송 · 삼나무 · 편백 · 강송

표 2 10대 조림수종

이 돌아가도록 한다. 이러한 양묘방안은 마을 주민의 협동심을 배양하는 이점도 있는 것이었다.

넷째, 절대보호지에 산불이 발생해 100ha 이상의 임야가 불타면 시장 · 군수를 면직한다.

이러한 강력한 내용의 치산녹화 10개년 계획은 내무부의 행정력으로 추진이 되었다.

당시 김현옥金玄玉 내무부장관은 10개년 계획을 대통령에게 보고한 뒤 전국 각 도지사, 시장, 군수, 경찰서장, 산림관계관 등을 내무부로 소집하여 "첫째도 산, 둘째도 산! 첫째도 새마을, 둘째도 새마을!"이라고 말할 정도로 녹화사업에 집중하였다. 또한 내무부장관이 "난 산림장관이야"라고 할 정도였다. 장관은 불시에 산림청에 출근, 나무심기 추진상황을 확인하곤 했으며, "나는 산림장관이고 차관이 치안장관이야"라는 농담까지 하면서 치산녹화사업에 열정을 보였다. 이러한 배경하에 전국 각 도에 '산림국'이 신설됐고 각 시 · 군에 '산림과'가 신설되어 산림부서가 최고 인기부서로 부상했다. 당시엔 전화가 귀했는데, 내무부장관의 지시로 산림청에 경찰 자동전화가 설치되어 곧바로 일선기관과 통화가 가능해졌다. 산림청에서는 새 출발을 상징하는 새로운 표어를 내걸었다. 그 표어는 '산. 산. 산. 나무. 나무. 나무'였다. 이 표어는 국민들이 산사랑, 나무사랑, 나라사랑을 떠올리게 하는 것이었다.

새마을운동과 병행한 치산녹화사업은 세계 각국에 알려져, 세계은행IBRD에서 차관借款으로 돈을 빌려 나무를 심었다는 사실이 세계적인 뉴스거리가 되기도 하였다. 1976년부터 1977년까지 2년 동안 12만 7천ha의 연료림을 조성했다는 점, 새마을사업 차관으로 416만 3천달러를 빌려다 나무 심는植木 비용과 인건비로 지불했다는 점이 외국인을 놀라게 하였다. 미국의 한 방송은 취재팀을 파견하여 현장을 돌며 취재하였는데, 차관이 실제로 조림사업에 쓰였다는 사실이 확인되자 놀라워하였고 농촌주민들이 자발적으로 참여하면서 무보수로 봉사하는 모습을 취재하였다. 1963년 2월 9일 법률 제1,266호로 제정한 '국토녹화촉진을 위한 임시조치법'은 국민의 자발적 참여를 원칙으로 하되 부역할 수 있도록 규정하였다.[16]

조림사업은 필요한 묘목을 2~3년 전부터 준비해야 하는 까닭에 1차년도인 1973년도와 1974년도는 준비기간으로 잡고 양묘사업 추진, 조림대상지의 결정, 기타 사업수행체계 정립에 주력하였다. 이러한 빈틈없는 사전준비와 국민전체의 참여로 보조조림은 물론 의무조림 및 자력조림이 계획량을 초과하여 이루어졌다. 즉, '제1차 치산녹화 10개년 계획'의 목표량은 100만ha였으나, 6차년도 만인 1978년에 이를 초과(108만ha)달성하여 당초 계획기간을 4년이나 앞당겨 마무리하였다.

이렇게 목표량을 초과달성할 수 있었던 것은 국민식수기간을 설정하여 온 국민이 참여하였기 때문이다. 1974년부터는 식목일 행사를 나무를 심는 실질적인 행사로 전환하고, 4월 1일부터 4월 15일까지를 '국민식수기간'으로 정해 식수행사를 실시하였다. 특히 경제수종을 조림하여 임업을 근대화하고 경제임업으로 발전시킴과 동시에 전 국토를 녹화한다는 목표하에 10개년 계획의 5차년도인 1977년도에 전국에 86개 경제림 단지를 설정하여 잣나무·낙엽송·삼나무·편백·포플러류나 오동나무 등 5대 수종을, 마을과 도로변에는 포플러류 또는 오동나무를, 전남·경남·제주지방에는 삼나무와 편백을, 기타 도道에

경제수종(經濟樹種)
산림의 부가가치를 높일 수 있는 경제성이 있는 수종으로, 대부분의 용재수종(소나무, 잣나무, 낙엽송 등)이 경제수종이다.

간이산림토양도(簡易山林土壤圖)
산림토양의 특징, 생산력을 구분하기 위하여 산림토양형을 도면에 표시한 지도이다. 조림수종 선정, 지력 판정 등을 위해 이용된다.

치산녹화 시대

는 잣나무와 낙엽송을 단지에 조림하되 그 규모는 200ha 이상으로 하도록 하였다. 또한 1974년부터 1976년까지 3년간 전국 산림에 대한 간이산림토양도를 작성하여 토양에 맞는 나무를 심도록 하였다.

당시 박정희 대통령의 치산녹화에 대한 열정은 대단했다. 1975년 치산녹화 현지순례에서 대통령의 경기, 경상북도 연두순시 때 손수익 산림청장이 수원에서 대구까지 대통령 전용차에 동승하였다. 대통령이 경부고속도로 양편을 일일이 손으로 가리키면서 150분 동안 무려 50건, 3분마다 한 건꼴로 지시를 하여 이를 받아 적는 산림청장의 손이 저릴 정도였다고 한다. 또한 임도_{산불 진화나 병충해 방지 작업 등을 위해 만든 산길}를 횡으로 내도록 한 이른바 '추풍령식 조림'도 대통령에게서 나온 아이디어였다. "큰비가 올 때 한꺼번에 흘러내리지 않을 뿐만 아니라 길에서 볼 때 빽빽이 심어져 있는 것 같아 보기에도 좋다"라고 대통령이 말하기도 했다.[17]

1차 치산녹화사업은 1972년 당시 산림축적이 ha당 $11m^3/ha$에 불과하고 산림면적의 12%에 해당되는 82만ha가 무입목지일 정도로 산림이 황폐화되어, 이에 대한 산림녹화를 위해 10개년 계획_{1973~1982년}을 수립해 100만ha의 면적을 조림하는 것을 목표로 하였다. 이를 위해 1973년부터 연료림과 용재림 조성 등 다양한 종합대책이 추진되었다. 연료림에는 아까시나무,

산오리나무, 사방오리나무, 리기다소나무, 해송, 상수리나무 등이 심어졌다. 용재수로는 낙엽송, 잣나무 등이, 속성수로는 이태리포플러가 주를 이루었다.

1차 치산녹화사업은 조림과 생산, 국토보전과 소득증대를 직결시키고 산지에 새로운 국민경제권을 조성하도록 하였다. 86개 경제림 단지의 구역면적 2만 9,081ha 중 1만 9,970ha를 2년에 걸쳐 조림하였다. 사유림은 정부지원이 불가피한 상태이므로, 조림비용의 일부를 국고 또는 지방비에서 보조하여 조림을 촉진하였다. 단, 임산물 대량 소비업체인 탄광·제지·제재업체는 수확 벌채한 임지에 대하여 정부지원 없이 자력에 의하여 의무 조림을 하도록 하였다.

또한 산림자원 조성증대와 합리적인 임지이용을 위하여 1974년부터 1976년까지 3년간 전국 660만ha에 대하여 간이산림토양조사 방법에 따라 토심·토성·건습도 등 8대 인자를 조사하여 지력을 5개 급지로 분류하였다. 이에 따른 토양도를 제작하여 적지·적수조림을 실시토록 하였다. 주민소득과 직결된 마을조림을 위해 마을 양묘와 조림을 적극 지원하고 그 소득을 재투자함으로써 주민소득의 획기적 증대를 꾀했다. 사방 등 노임사업에서 얻어진 기금으로 3만 개 이상의 마을에서 943백만 본의 마을양묘를 하고, 여기서 나온 15억 6,400만 원의 수익금으로 유실수 위주의 마을 조림을 실시하였다.[18]

1차 치산녹화사업 기간의 주요 조림수종은 리기다소나무 16만 9천ha, 낙엽송 16만 7천ha, 잣나무 10만 6천ha, 산오리나무 15만 7천ha, 아까시나무 11만 1천ha, 이태리포플러 6만 2천ha 등이었다. 이 중 연료림 조성 수종인 리기다소나무, 산오리나무, 아까시나무 등이 40.5%를 차지하였고, 용재수종인 낙엽송, 잣나무의 조림면적은 27만 3천ha로 상대적으로 낮았다. 전체 조림면적 중 침엽수가 50.2% 54만 2천ha, 활엽수가 33.3% 36만ha로, 침엽수가 활엽수보다 17% 포인트 정도 많았다. 특히 황폐지 녹화를 위해 척박지에 자랄 수 있는 수종을 연료림 조성의 일환으로 집중적으로 심었다. 침엽수 조림수종 중 낙엽송, 잣나무 등의 용재수종의 비율이 높아진 반면, 활엽수 조림수종에서는 연료림 수종인 아까시나무, 산오리나무가 26만 7천ha의 조림면적을 차지하였고 속성수종인 이태리포플러는 6만ha에 조림되었다.[19]

낙엽송과 잣나무는 용재수종으로 구분되어 조림면적이 1970년대 초반까지는 적었으나 1970년대 중반부터는 증가했다. 이러한 용재수종의 조림면적 증가는 산림녹화에서 경제림화로 가는 초기과정으로 볼 수 있다. 또한 삼나무와 편백은 남부지역을 중심으로 심어졌다. 삼나무와 편백은 전체 조림면적의 5.1%를 차지하여 그 비중이 미미한 편이었지만, 남부지역에서는 상대적으로 그 중요성이 높았다.

위 강원도 홍천 대면적 잣나무 인공림의 전경 / **아래** 강원도 홍천 잣나무 인공림의 근경

위 전라북도 진안 리기다소나무 인공림 / **아래** 경기도 포천 리기다소나무 인공림

● 국민조림

1973년부터 1차 치산녹화 10개년 계획과 함께 전 국민이 모두 나무를 심고 가꾸는 국민식수운동_{나무심기운동}도 함께 시작되었다. 헐벗은 산을 녹화하기 위해서는 산림관계자만으로는 단기간 내에 대면적 나무심기가 어려우므로 온 국민이 힘을 합해 조기에 산림을 녹화하자는 것이었다. 국민식수운동은 1974년부터 본격적으로 추진되었다. 1974년 4월 5일 식목일에는 기념식 행사를 중지하고 실질적인 나무심기 작업을 실시하는 국민식수일로 변경하였다. 4월 1일부터 4월 15일까지 15일간을 국민식수기간으로 정해 온 국민의 나무심기 참여를 독려하는 홍보활동을 전개하였다. 1975년부터는 국민식수기간이 3월 21일부터 4월 20일까지 1개월간으로 확대되었다. 중앙 각 부처는 물론 국영기업체까지 참여하여 국민식수운동이 궤도에 올라섰다.[20] 국민식수는 마을권의 산지는 마을에서 공동조림을 하도록 하고, 부재산주 임야의 관리, 마을 연료림의 공동조림, 기관별 조림지 지정, 학교림의 지정, 산림기업체의 의무조림과 일반기업의 조림 등의 방식으로 추진되었다.[21]

식수일 행사는 산림청이 주관하고, 직장인, 군인, 학생, 공무원 등 수백만 명이 참여하는 이벤트로, 1년에 조림되는 나무 절반 이상의 식수가 이 기간에 이루어졌다. 대통령 담화와 식수행사가 연례행사로 이루어졌다. 대통령의 담화는 TV, 라디오, 신문, 잡지 등을 통해 그 내용이 국민들에게 전파되었다. 식수 기간에는 이러한 행사 외에도 현장 방문, 지시, 묘목 하사, 표창, 전문가 대담 등이 이루어졌다. 특히 대통령의 식수행사는 단순한 의례를 넘어 대통령이라는 통치권자의 산림녹화에 대한 집요한 의지와 실천을 보여주는 것이었다.[22]

국민식수운동과 연계하여 산림청에서는 산주들의 화합협력의 장으로 산주대회를 개최하였다. 1973년 10월 26일 강원도에서 시작하여 각 도에서 단위대회 형식으로 열린 산주대회는 '1차 치산녹화 10개년 계획'을 성공하기 위해 산주의 자발적 참여와 전 국민의 조림 참여를 확산시키는 데 목적이 있었다. 이후 산주대회는 도 단위 대회와 군 단위 대회로 개최되었는데, 대회에 참가한 사람들은 산주, 마을양묘 지도자, 산림계장, 임업공무원, 임업기업인, 시장·군수, 경찰서장, 교육장, 교수·학생 등으로 인원수는 500~1,000여 명 정도였다. 1차 치산녹화 10개년 계획이 성공적으로 조기 완료됨에 따라 1979년에는 제7회 산주대회가 마지막으로 열렸다.[23]

국민식수운동 결과 1차 치산녹화 10개년 계획의 목표인 100만 정보를 예정보다 4년이나 이른 1979년에 108만 정보를 달성하였다.

- 양묘

1차 치산녹화기간인 1973~1978년 사이의 묘목 생산량은 52억 본으로, 이 중 성묘가 27억 본을 차지하여 성묘만으로 90만ha를 조림할 수 있는 물량을 생산하였다. 또한 연 평균 8억 본 이상이 생산되어, 매년 30만ha 이상을 조림할 수 있었다. 이 시기의 실제 조림면적은 108만ha로, 생산된 묘목의 대부분이 조림되었음을 알 수 있다.[24]

- 검목

조림은 묘목을 식재하는 것으로 완료되는 것이 아니다. 심은 나무들이 제대로 자리를 잡고 자라는가를 확인하여 심은 나무들이 많이 죽은 경우에는 다시 식재를 해야 하므로 나무의 활착률을 조사하여 관리하였다. 이러한 활착률 조사를 검목제도 檢木制度라고 하며, 제1차 치산녹화 10개년 계획의 1차년도인 1973년부터 시작하여 활착률이 낮은 곳은 보완조림을 실시하였다. 조사할 때는 심은 나무 하나하나를 모두 조사한다. 가지 길이, 뿌리 둘레, 식재 구덩이 길이, 나무와 나무 간격을 조사하였다. 조사 결과에서 개선이 필요한 사항은 향후 조림사업에 반영하였다. 우수 조림 마을, 주민, 단체 등에게는 조림사업이 잘 추진되도록 표창하였다.[25] 1973년 이후 조림목 활착률이 평균 90%를 넘는 것으로 나타나 식재가 성공적으로 이루어졌음을 보여준다. 1978년의 활착률이 80%로 가장 낮았고 1980년대 후반에는 활착률이 94%까지 상승하였다.[26]

● 풀베기

1차 치산녹화기간 동안의 조림면적이 총 108만ha, 연평균 18만ha인 데 비해, 풀베기사업은 같은 기간 동안 총 230만ha, 연평균 38만ha에 실시되어, 연평균 풀베기면적이 연평균 조림면적의 2배 이상으로 나타났다. 연평균 풀베기면적은 또한 1973년 32만ha에서 1978년 56만ha로 증가하였다.[27] 풀베기면적이 조림면적보다 많은 것은 조림을 하고 난 조림지에서는 3~5년 동안 풀베기를 반복해서 실시하기 때문이다.

● 어린나무가꾸기

어린나무가꾸기는 1차 치산녹화기간 1973~1978년동안 총 102만ha, 연평균 17만ha에 실시되었다. 연평균 면적은 1973년에

활착률(活着率)
조림 후, 즉 묘목을 심고 일정 기간이 지난 후에 얼마나 많은 나무들이 살아 있는가를 백분율로 계산한 수치로, 활착률이 낮으면 나무를 다시 심기도 한다. 봄에 나무를 심으면 가을에 활착률을 조사하는 것이 일반적이다. 경우에 따라서는 나무를 심은 3개월 후에 조사하기도 한다.

는 12만ha로 시작하여 1977년에는 27만ha까지 증가하였다가 1978년에는 11만ha로 감소하였다.[28] 어린나무가꾸기는 나무를 심고 5~10년이 경과한 후에 실시하기에 조림한 면적과 차이가 난다.

2차 치산녹화계획 시기(1979~1987)

1차 치산녹화 10개년 계획은 국토녹화를 빠른 시일 내에 달성하기 위해 진행되었기에 많은 양을 조림하는 데 중점을 두었다. 이러한 조림사업은 투자효과, 적합한 수종의 양묘 등의 문제점을 낳았다. 제2차 치산녹화 10개년 계획은 이러한 문제점을 해결하고 내실을 기하는 데 중점을 두어 수립되었다. 계획의 기본 목표는 산림의 자원화로, 산지이용 장기계획 수립, 대단위 경제림 단지 조성, 향토수종의 개발, 미입목지 및 토사방지의 일소, 해외 산림자원개발 등의 세부목표가 수립되었다.[29] 2차 계획은 1차 계획의 녹화 위주에서 경제림 조성 위주로, 정신철학 위주에서 기술보급 위주로, 타율적 참여에서 국민총력 참여로, 규제 위주에서 개발지원 위주로 변화되었고, 산림 선진국의 산림자원을 분석하고, 국내의 임업이 처해 있는 사정과 연관된 사정까지 폭넓게 조사하여 짜임새 있는 계획이 되도록 하였다.[30]

사회적, 자연적인 조건의 변화로 계획이 두 차례 조정되었다. 원인은 농촌 인력난과 노임 상승, 조림대상지 감소 등과 임지생산력 증진이었다. 조정내용은 조림목표량 150만ha는 유지하고 조림량을 현실에 맞게 조정하며 이를 천연림 보육사업으로 대체하여 경제적인 산림경영을 추구하는 것이었다.

1982~1987년까지 계획량 11만 6천ha 중 10만 9천ha의 우량 천연림 보육을 완료하였다. 땅이 좋아져서 나무의 생장이 좋아짐에 따라, 경제성 있는 질적 조림으로 전환하기 위하여 속성수 조림물량이 대폭 감소되었다. 2차 치산녹화사업은 경제림 단지 조성이 특징적인데, 80개의 경제림 단지를 새로 선정하여 1987년까지 계획량을 초과한 37만 5천ha를 조림하였다. 이외에도 경제수종인 낙엽송, 리기테다소나무, 잣나무, 삼나무, 편백 등을 조림하여 경제성을 높이고자 하였다. 그러나 이 기간 내 경제림 단지 조성면적은 총 산림면적 659만ha 가운데 5.7%에 해당하는 극히 작은 면적이었다. 이를 위하여 1985년부터 10대 조림수종을 21개 수종으로 확대하였다.

2차 치산녹화계획은 당초 1979년부터 1988년까지 10년간 계획되었으나, 1년이 단축된 9년 만에 조기 종결되었다. 이 기간

구분	21개 조림수종
장기수	강송 · 잣나무 · 전나무 · 낙엽송 · 삼나무 · 편백 · 해송 · 리기테다소나무 · 스트로브잣나무 · 버지니아소나무 · 참나무류 · 자작나무류 · 물푸레나무 · 느티나무
속성수	이태리포플러 · 현사시나무 · 양황철나무 · 수원포플러 · 오동나무
유실수	밤나무 · 호두나무

표 3 21개 주요 조림수종

동안에는 장기수 위주의 경제림 조성과 국토녹화 완성에 주력
하였으며, 조림단지를 지정하여 집중 조림을 실시하였다. 경제
수종으로는 낙엽송, 잣나무 등이, 속성수로는 이태리포플러, 현
사시나무가 주를 이루었다. 2차 치산녹화기간에는 미입목지가
전부 조림이 되어 산림녹화사업이 성공적으로 마무리되었다.

　2차 치산녹화계획기간인 1979년부터 1987년까지의 전체 조
림면적은 98만 4천ha였다. 1년차 조림면적이 18만 9천ha로 가
장 많았는데, 5년차부터는 급격하게 감소하여, 마지막 해인 9년
차에는 5만 1천ha까지 감소하였다. 1차와 2차 치산녹화기간의
조림면적이 200만ha가 넘었음을 감안하면, 대면적 조림대상지
가 적어 조림면적이 감소된 것으로 보인다.

　주요 조림수종은 이태리포플러 32만 6천ha, 낙엽송 22만ha,
잣나무 12만 7천ha, 현사시나무 9만 9천ha였다. 용재수종인 낙
엽송, 잣나무, 삼나무, 편백, 소나무 등은 41.8%를 차지하고 속
성수인 이태리포플러와 현사시나무는 43.2%를 차지하여 점유
율이 높았다.[31] 전체 조림면적 중 침엽수 49.5%48만 7천ha, 활엽
수 45.8%45만 1천ha로 침엽수가 활엽수보다 4% 포인트 정도 많
으나 기타 수종을 고려하면 차이가 미약할 것으로 추정된다.

　2차 치산녹화사업 기간의 주요 활엽수 조림수종으로는 속성
수인 이태리포플러와 현사시나무가 대면적에 조림되었다. 이들
은 조림면적의 43.2%인 42만 5천ha를 차지하였다. 이 중 가장

조림면적이 큰 이태리포플러는 32만 6천ha, 현사시나무는 9만 9천ha에 조림되었다. 또한 1차 치산녹화기간에 대면적에 조림 되었던 아까시나무는 연료림 조성사업이 완료됨에 따라 2차 치 산녹화기간에는 조림이 전무하였다.[32]

- 양묘

2차 치산녹화기간인 1979년에서 1987년까지 9년 사이에는 46 억 본이 생산되어 150만ha를 조림할 수 있는 물량을 확보하였 다. 이 중 성묘가 18억 본으로, 60만ha를 조림할 수 있는 물량 이 생산되었다. 이 시기의 조림면적은 98만ha 이상으로 이에 대한 묘목이 충분히 생산되었음을 알 수 있다. 묘목 생산량은 조림면적에 따라 조정된다. 1960년대에는 조림면적이 많아 묘 목 생산량도 많았으나, 1·2차 치산녹화기간에는 상대적으로 조 림면적이 적어서 묘목 생산량도 감소하였다.[33]

- 풀베기

2차 치산녹화기간 동안의 조림면적이 총 98만ha, 연평균 10만 8천ha인 반면, 같은 기간 동안의 풀베기면적은 총 311만ha, 연 평균 35만ha였다. 1979년에 82만ha에 풀베기를 하였으나 조림 면적이 감소함에 따라 풀베기 면적도 감소하여, 1987년에는 14 만ha 정도만 풀베기를 실시하였다.[34]

위 강원도 홍천 운두령 지역 자작나무 인공림 / **아래** 제주특별자치도 서귀포 삼나무 인공림

- 어린나무가꾸기

2차 치산녹화기간 동안 총 255만ha, 연평균 28만ha의 어린나무가꾸기 사업을 진행하였다. 1979년에는 36만ha로 시작을 하여 1987년 7만ha로 감소하였다.[35]

산지자원화 시기

- **3차 산림기본계획 시기(1988~1997)**

산지자원화 추진기에는 정부 주도하의 녹화·규제 위주의 임정에서 자율과 조장 위주로 산림정책이 전환되었다. 임업진흥촉진지역의 지정으로 권역별 집약적 경영개념이 도입되었다. 경영기반의 확충과 유통구조의 개선사업, 산촌 소득원의 개발과 진흥정책, 자연휴양림 조성 등 대국민 보건휴양기능의 제고 등에 관한 다양한 정책들이 개발·추진되었다. 또한 산림환경기능이 중요하게 부각되어 국립공원 등 법정제한 산림의 관리, 산림생물 다양성의 보전관리가 강화되었다. 산림의 문화가치가 새롭게 부각되기 시작하여 전통 산림문화의 발굴과 산림가치관의 정립, 산림문화 확산이 추진되었다.

3차 산림기본계획 시기에 조림사업은 그 동안의 양 위주에서 내실 있는 질 위주의 사업으로 전환되었으며, 그에 따른 여러 가지 정책들이 제시되었다. 구체적으로는 불량 임지를 경제림으로 조성하고, 불량 임분은 선택적으로 갱신해나갔다. 농산

촌의 소득 증대를 위하여 특용수를 중심으로 조림을 확대하였
다. 유실수나 속성수를 적극 권장하며, 지역 특성에 맞는 특용
수, 예컨대 옻나무, 두충, 두릅, 후박, 연필향나무 등을 장려하
고, 조림기술을 보급하였다. 주요 지역에 경관림을 조성하고 마
을별로 공한지에는 경제림 수종을 식재하며, 마을 주민들이 공
동으로 휴식하는 장소에도 마을 숲을 조성하였다. 지역별로 특
색 있는 수종을 시범적으로 조성해 주요 경관지역, 예컨대 휴양
림 지역, 주요 도로변, 관광지 및 사적지 주변 등에 환경조림을
실시하였다.[36]

　1차와 2차 치산녹화계획은 각각 10년 계획으로 수립되었으
나 목표의 조기달성으로 6년과 9년 계획이 되었으며, 이 계획
을 1차와 2차 산림기본계획으로 볼 수 있다. 3번째로 수립된
10개년 계획은 1988년부터 1997년까지로 예정된 3차 산림기
본계획이다. 1차와 2차 산림기본계획이 치산녹화, 즉 황폐한 산
림과 무입목지의 녹화에 목적을 두었다면, 3차 산림기본계획에
서는 산림의 자원화에 주안점을 두어 경제림 단지 조성이 시작
되었다. 또한 1차와 2차 산림기본계획기간 중에 대면적 조림이
성공적으로 수행됨에 따라 1, 2차 치산녹화기간 중 1년간의 조
림면적보다 3차 산림기본계획기간의 총 조림면적이 적었다. 이
러한 경향은 2차 치산녹화계획 말기의 조림면적 감소에서도 엿
볼 수 있다. 경제수종으로는 침엽수인 잣나무, 낙엽송이, 속성

수로는 이태리포플러가 주를 이루었다.[37]

3차 산림기본계획산지자원화계획 10년 동안의 전체 조림면적은 32만 4천ha로, 연평균 3만 2천ha를 조림하였다. 최종년도인 1997년에는 2만 2천ha로 최소치에 도달하였다. 1차와 2차 치산녹화기간 동안의 조림녹화 성공으로 조림보다는 산림자원화 사업이 늘어나고 조림면적이 줄어든 것은 당연한 결과로 볼 수 있다.

주요 조림수종으로는 잣나무14만 9천ha, 낙엽송4만ha, 편백3만 1천ha, 이태리포플러2만 6천ha를 들 수 있다. 용재수종인 잣나무, 낙엽송, 편백이 반 이상인 53.8%를 차지하고, 속성수인 이태리포플러가 주를 이루며 현사시나무는 미미한 수준으로 두 수종이 합계 8.2%를 차지하여 점유율이 대폭 감소하였다. 전체 조림면적 중 침엽수는 64.5%20만 9천ha, 활엽수는 11.7%3만 8천ha로 침엽수가 활엽수보다 50% 포인트 이상 많으며 이전의 연료림 조성수종인 리기다소나무가 미미한 수준임을 감안하면 3차 산림기본계획 기간 중에는 용재수종 위주의 조림이 이루어진 것으로 볼 수 있다.

침엽수 경제수종인 잣나무, 낙엽송 조림면적은 총 14만 3천ha로 총 조림면적의 44.3%를 차지하였다. 1차와 2차 치산녹화사업 때 큰 비중을 차지했던 리기다소나무는 2차 치산녹화기간에는 6천ha 이하를 조림하여 점유율이 2% 미만에 불과하였다.

남부지역에 주로 조림된 편백과 삼나무는 총 3만 6천ha를 조림하여 11%를 차지, 1차와 2차 치산녹화기간보다 그 비율이 높아졌다.

주요 활엽수 조림수종으로 속성수인 이태리포플러의 조림면적은 2만 6천ha로 8.1%를 차지하였고, 현사시나무는 총 500ha정도로 그 비율이 아주 미미하였다. 1차 치산녹화기간에 대면적에 조림되었던 아까시나무는 2차 치산녹화기간에 이어 3차 산림기본계획기간에도 조림이 전무하였다.[38]

양묘

3차 산림기본계획기간인 1988~1997년간의 묘목 생산량은 23억 본이었다. 이 중 성묘가 7만 7천억 본으로 26만ha를 조림할 물량이 생산되었다. 이 시기의 조림면적은 32만ha였다.[39]

풀베기

3차 산림기본계획기간 동안의 조림면적은 32만 4천ha로 연평균 3만 2천ha를 조림하였다. 연도별 조림면적은 1988년도 4만 6천ha에서 1997년에는 2만 2천ha로 감소하였다. 풀베기면적도 이와 유사하게 감소하여 1,2차 치산녹화기간보다 10년간 112만ha, 연간 11만ha가 감소하였다. 1988년 15만ha에서 1997년에는 10만ha로 1/3이 줄어들었다.[40]

어린나무가꾸기

3차 산림기본계획기간 동안의 어린나무가꾸기 면적은 총 66만ha로 연평균 6만 6천ha이다. 연도별 면적은 1988년도 9만 8천ha에서 1997년에는 3만 9천ha로 감소하였다.[41]

솎아베기 및 천연림 보육

1980년 중반까지는 솎아베기가 미미하였고, 천연림 보육사업은 1980년대 중반부터 시작되었다. 특히 솎아베기는 나무를 심고 15~20년이 지나야 실시되기 때문에, 70년대 초반에 조림한 나무는 80년대 중반 이후에 솎아베기를 실시할 수 있다. 3차 산림기본계획기간 동안의 솎아베기 면적은 27만ha로, 연평균 2만 7천ha였다. 이후 연평균 솎아베기 면적은 1988년도 2만 5천ha에서 1997년에는 3만 5천ha로 증가하였다.

　동일 기간의 천연림 보육면적은 21만ha로 연평균 2만 1천ha였다. 이후 연평균 천연림 보육면적은 1988년도 2만 3천ha에서 1997년에는 2만 4천ha로 거의 같은 수준을 유지하였다.[42]

● 4차 산림기본계획 시기(1998~2007)

4차 산림기본계획의 시작년도인 1998년부터는 심는 정책에서 가꾸는 정책으로 전환하여 산림의 가치 증진에 중점을 두었다. 기후대별 20개 조림권장 수종을 선정하여 산업용재의 공급기반을 마련하고, 리기다소나무림을 친환경적으로 수확하여 후계림을 조성하였다. 2003년에는 숲 가꾸기 5개년 추진계획 2004~2008이 수립되어 1970년대 이후 녹화된 산림을 경제·환경·공익적으로 가치가 높은 산림자원으로 만들어갔다.

4차 산림기본계획은 1998년부터 2007년까지의 10개년 계획으로 지속가능한 산림경영기반 구축에 목표를 두었다. 이에 따라 숲 가꾸기를 통한 숲의 자원화, 산림의 사회적 기능도시숲, 수원 함양림 등의 함양에 중점을 두었다. 사회적 기능의 제고提高를 위한 다양한 수종이 필요함에 따라 경제수종 외에 다양한 수종이 조림되었다.[43] 4차 산림기본계획기간 동안에도 3차 산림기본계획기간에 비해 조림면적이 감소하였다. 주요 조림수종은 잣

솎아베기

숲 가꾸기의 하나로 간벌(間伐)이라고 한다. 입목의 수가 많아 수관이 서로 닿고 겹치는 등 경쟁이 심하여 나무들이 햇빛을 충분히 받지 못하는 경우 남아 있는 나무들이 보다 잘 자라도록 나무를 솎아내는 작업이다. 솎아베기에서 잘리는 나무는 굵어서 이용이 가능하기 때문에 수집을 한다.

천연림 보육

천연림 보육은 행정용어로 나무를 심지 않고 조성된 숲의 숲 가꾸기(어린나무 가꾸기, 솎아베기) 사업이다. 천연림 보육은 대부분 활엽수림에서 이루어진다.

나무, 편백, 소나무, 활엽수로는 상수리나무, 자작나무 등이 주를 이루었다.

4차 산림기본계획기간 동안의 전체 조림면적은 20만ha로, 연평균 2만ha를 조림하였다. 1차년도인 1998년 2만ha, 4차년도인 2001년 1만 9천ha, 최종년도인 2007년 2만 1천ha로 연차별로 큰 차이가 없이 2만ha 내외의 면적이 조림되었다. 1~3차 산림기본계획기간 중에는 대면적 조림단지 조성을 기반으로 조림이 실시되어 일부 수종의 점유율이 높게 나타나는 특징을 보이는 반면, 4차 산림기본계획기간 중에는 점유율 10% 이상의 수종은 잣나무와 상수리나무 2개 수종에 불과하였고 소나무, 편백 등이 5%를 상회하였다. 그 외 주요 조림수종은 잣나무, 상수리나무, 편백, 자작나무 등이었다. 이외에도 느티나무, 물푸레나무, 벚나무 등이 조림되었다. 기타 활엽수가 20%를 차지해 조림면적은 적지만 다양한 활엽수들이 사회적 기능을 높이려 심어졌음을 알 수 있다. 속성수종인 이태리포플러와 현사시나무는 조림 실적이 전혀 없는 반면, 자작나무가 조림수종으로 부각되었다. 또한 용재수종인 잣나무, 낙엽송, 편백, 소나무, 상수리나무가 반 이상인 50.4%를 차지하였다.[44]

전체 조림면적 중 침엽수는 48.9%^{9만 9천ha}, 활엽수가 47.1%^{9만 4천ha}로 침엽수와 활엽수의 점유율이 거의 같은 수준을 보여, 3차 산림기본계획기간 중에 침엽수가 활엽수보다 50% 이상 많

위 경상남도 진주지역 편백 인공림 / **아래** 강원도 영월지역 스트로브잣나무

은 것에 비해 활엽수의 조림면적이 증가하였다. 이는 사회적 기능을 높이기 위해 활엽수가 선택됐음을 말해준다. 또한 다양한 수종이 조림되었지만 그 면적은 이전에 비해 적은 것이 특징적이다.

느티나무, 물푸레나무, 벚나무, 고로쇠나무는 총 1만 1천ha에 조림되었다. 이 수종들은 이전에는 조림되지 않았던 수종으로 다양한 산림기능을 증진하기 위하여 심어진 것으로 추정되며 2000년도부터 공식적으로 통계에 기록되었다.

양묘

4차 산림기본계획기간인 1998년에서 2007년 사이의 묘목 생산량은 11억 본으로, 이 중 성묘는 4억 본이 생산되었다. 이 시기의 조림면적은 총 20만ha, 연평균 2만ha 정도로 감소되었기 때문에 묘목 생산량도 이에 맞추어 조정되어 연간 8천만 본 정도가 생산되었다.[45]

풀베기

4차 산림기본계획기간 동안의 조림면적은 총 20만ha, 연평균 2만ha였다. 연도별 조림면적은 1998년에는 2만ha, 최종년도 2007년에는 2만 1천ha로 연차별로 큰 차이가 없었다. 풀베기 면적은 총 67만ha, 연평균 6만 7천ha 정도로 유지되었다.[46]

어린나무가꾸기

4차 산림기본계획기간의 어린나무가꾸기 면적은 총 23만ha, 연평균 2만 3천ha로, 연도별 면적은 1998년 2만 6천ha에서 2007년 2만ha로 감소하였다. 전반적으로 2만ha 내외의 어린나무가꾸기 사업이 실시되었다.[47] 이렇게 1970년대에서 1980년대 중반까지 어린나무가꾸기 사업이 연간 20만ha 이상 실시된 것은 이 시기에 조림면적이 많았기 때문이고, 이후 사업면적이 2만ha까지 감소한 것은 80년대 후반부터 조림면적이 많이 줄었기 때문이다.

솎아베기 및 천연림 보육

4차 산림기본계획기간 동안의 솎아베기 면적은 총 43만ha, 연평균 4만 3천ha이며, 연도별 면적은 1998년도 2만 9천ha에서 2007년에는 4만 7천ha로 증가하였다. 천연림 보육면적은 총 69만ha, 연평균 6만 9천ha이며, 연도별 면적은 1998년도 1만 3천ha에서 2007년에는 12만 9천ha로 크게 증가하였다. 1988년부터 2007년까지 솎아베기 면적은 73만ha, 천연림 보육면적은 90만ha로 천연림 보육면적이 솎아베기 면적보다 많다.[48]

• 5차 산림기본계획 시기(2008~2017)

5차 산림기본계획은 2008년부터 2017년까지의 10개년 계획으로 산림기능의 최적발휘를 위하여 가치 있는 국가자원, 건강한 국토환경, 쾌적한 녹색공간 조성을 목표로 수립되었다. 가치 있는 국가자원은 숲을 경제, 환경, 사회적으로 중요한 국가자원으로 육성하여 복지국가의 기반을 마련하는 것이다. 건강한 국토환경은 숲의 체계적인 보전, 관리를 통해 국토의 균형적 발전과 생태계의 건강을 증진하기 위한 것이다. 이러한 쾌적한 녹색공간의 조성은 바로 삶의 질을 향상하는 데 목표를 두고 있다. 쾌적한 녹색공간은 삶의 질 향상에 기여하는 것을 의미한다. 지속가능한 산림자원 육성에서는 경제림 육성단지 중심으로 조림과 숲 가꾸기 확대가 추진된다. 또한 교토의정서 이행에 따른 신규조림, CDM 청정개발체제사업이 고려되고 있다. 조림면적은 10년간 24만 5천ha를 목표로 하고 있다. 여기에는 형태별로 경제수 조림 19만ha, 생태보완조림, 유휴토지조림이 5만 5천ha를 차지한다.[49]

청정개발체제(CDM: Clean Development Mechanism)
청정개발체제는 교토의정서 12조에 규정된 것으로, 선진국이 개발도상국에 투자하여 발생한 온실가스 배출 감축분을 선진국의 감축 실적에 반영할 수 있도록 한 제도다. 선진국은 온실가스를 저감하는 반면 개도국은 기술적·경제적 지원을 얻는 제도로, 해외에 조림을 하는 것도 이 사업에 해당된다.

60년간의 조림사업

경제개발계획 추진 초기인 1960년대에는 용재림과 연료림 조성을 추진했다. 연료림에서는 아까시나무, 산오리나무, 사방오리나무, 리기다소나무, 해송, 상수리나무 등이 조림되었다. 1차 치산녹화기간인 1973~1978년 사이에는 황폐지 녹화를 위해 척박지에 자랄 수 있는 수종을 연료림 조성의 일환으로 집중적으로 조림하였다. 연료림에는 아까시나무, 산오리나무, 사방오리나무, 리기다소나무, 해송, 상수리나무 등이 심어졌으며, 용재수로는 낙엽송, 잣나무 등이, 속성수로는 이태리포플러가 주를 이루었다. 2차 치산녹화기간인 1979~1987년 사이에는 장기수 위주의 경제림 조성수종은 낙엽송, 잣나무 등이, 속성수로는 이태리포플러, 현사시나무가 주를 이루었다. 1~2차 치산녹화기간에는 미입목지가 전부 조림되어 산림녹화사업이 성공적으로 마무리되었다.

3차 산림기본계획기간에는 산림의 자원화에 주안점을 두고 경제림 단지 조성이 시작되어 경제수종으로는 침엽수인 잣나무, 낙엽송이, 속성수로는 이태리포플러가 주로 조림되었다. 4차 산림기본계획기간에는 지속가능한 산림경영기반 구축에 목표를 두었으며 주요 조림수종은 잣나무, 편백, 소나무, 활엽수로는 상수리나무, 자작나무 등이 주를 이루었다. 5차 산림기본계획기간에는 산림기능의 최적발휘를 목표로 삼았다. 조림은

10년간 24만 5천ha를 목표로 하고 있으며, 여기에는 형태별로 경제수조림이 19만ha, 생태보완조림, 유휴토지조림이 5만 5천ha를 차지하고 있다. 2010년까지의 주요 수종은 소나무, 상수리나무 등과 느티나무, 벚나무 등 다양한 활엽수 수종들이 조림되었다.

1960년부터 2010년까지의 전체 조림면적은 461만ha로, 이 가운데 1960~1973년의 13년간 조림면적이 195만ha로, 전체의 42.3%를 차지한다. 1~2차 치산녹화기간15년의 조림면적은 206만 4천ha로 44.8%, 3~4차 산림기본계획기간의 조림면적이 53만 1천ha로 11.5%를 차지하였다. 조림면적이 가장 많았던 해는 1967년으로 면적이 4만 4천ha에 달하였고, 1964년부터 1982년까지 매년 10만ha 이상이 조림되었으며, 1995년 이후부터는 조림면적이 3만ha 이하로 감소하였다. 이와 같은 조

생태보완조림(生態補完造林)
산불 등에 의해 피해가 난 숲이나 갱신이 필요한 숲에서 모든 나무를 벌채하지 않고 일부 나무(피해목 등)를 제거하고 생긴 공간에 식재를 하는 것을 생태적 보완조림 또는 생태보완조림이라고 한다.

유휴토지조림(遊休土地造林)
농어촌정비법 제2조 제9호에 따른 한계농지로 2년 이상 해당 토지 본래의 용도로 사용하고 있지 아니한 토지에 소유자가 숲으로 전환하고자 나무를 심는 것을 말한다.

림면적의 변화는 1980년대 초반까지 황폐산지와 미입목지가 많아 대대적인 조림을 실시하였고, 이후 산림의 자원화와 다양한 산림기능의 제고를 위한 조림이 실행되었음을 보여준다. 이 기간에 절반이 넘는 54.4%^{250만 9천ha}의 침엽수가 조림되었고 활엽수는 38.5%^{177만 6천ha}가 조림되었다. 조림 누적면적은 1985년까지는 가파른 증가세를 보이다가 이후 급격히 증가세가 감소하여 미미한 상승곡선을 보이고 있다.

수종별로 보면, 낙엽송은 79만 3천ha를 조림하여 전체 조림면적의 17.2%를 차지하였다. 1960~1972년의 13년간 조림면적은 34만 9천ha로 44.0%를 차지하였고 1~2차 치산녹화기간[15년]의 조림면적은 38만 8천ha로 48.9%, 3~4차 산림기본계획기간의 조림면적은 5만 3천ha로 6.7%를 차지하였으며, 5차 산림기본계획기간 중 3년차까지는 0.3%를 차지한다.

리기다소나무는 73만 8천ha를 조림하여 전체 조림면적의 16.0%를 차지하였는데, 1~2차 치산녹화기간[15년]의 조림면적이 21만 9천ha로 29.6%를 차지한다. 이와 같은 조림면적의 변화는 70년대 후반까지 연료림 조성의 일환으로 황폐산지와 미입목지에 대대적인 조림을 실시하였음을 보여준다.

잣나무는 44만 4천ha를 조림하여 전체 조림면적의 9.6%를 차지하였다. 1960~1972년의 13년간 조림면적은 6만 6천ha로 14.8%였고, 1~2차 치산녹화기간[15년]의 조림면적은 23만 2천ha

로 52.3%, 3~4차 산림기본계획기간의 조림면적이 14만 1천ha
로 31.7%였다. 이와 같은 조림면적의 변화는 70년대 중반까지
용재수 조림이 실시되었음을 보여준다.

남부지역에 주로 조림된 편백은 15만 3천ha를 조림하여
전체 조림면적의 3.3%를 차지하였고, 삼나무는 10만 7천ha
를 조림하여 전체 조림면적의 2.3%를 차지하였다. 소나무는
6만ha를 조림하여 전체 조림면적의 1.3%를 차지하였는데,
1979~2002년까지 20년 이상 솔잎혹파리 등의 병해충에 의해
조림이 기피되었다. 2000년대 들어서는 금강소나무의 유지를
위한 조림이 확대되어 다시 조림면적이 증가하였다.

아까시나무는 연료림 조림수종으로 56만 4천ha를 조림하여
전체 조림면적의 12.2%를 차지하였다. 1960~1972년의 13년간
조림면적은 45만 3천ha로 80.3%를 차지하며, 1~2차 치산녹화
기간[15년]의 조림면적은 19만 7천ha로 19.7%, 3차 산림기본계
획기간부터는 조림하지 않았다.

오리나무는 30만 4천ha를 조림하여 전체 조림면적의 6.6%
를 차지하였다. 1960~1972년의 13년간 조림면적은 14만 8
천ha로 48.7%를 차지하였고, 1~2차 치산녹화기간[15년]의 조림
면적은 15만 6천ha로 51.3%였고, 이후로는 조림실적이 없는
것으로 나타났다.

그 외에 현사시나무는 9만 9천ha를 조림하여 전체 조림면

적의 2.2%를 차지하였다. 1~2차 치산녹화기간[15년]에만 조림되었다. 이태리포플러는 43만 7천ha를 조림하여 전체 조림면적의 9.5%였는데, 1~2차 치산녹화기간[15년]의 조림면적은 38만 8천ha로, 이 기간에 주로 조림되었다. 상수리나무는 8만 4천ha를 조림하여 전체 조림면적의 1.8%였고, 느티나무, 물푸레나무, 벚나무, 자작나무, 고로쇠나무는 2000년도부터 조림되었다.

지난 100년간의 조림사업을 전체적으로 보면 1910년부터 2010년까지의 101년간의 총 조림면적은 778만 9천ha였다. 시대별로 나눠보면 일제강점기의 조림면적은 214만ha로 전체의 27.4%, 해방 이후 1959년까지는 103만 7천ha, 1960~1972년에는 195만ha, 1차 치산녹화기간[1973~1978년]에는 108만ha, 2차 치산녹화기간[1979~1987년]에는 98만 4천ha, 3차 산림기본계획기

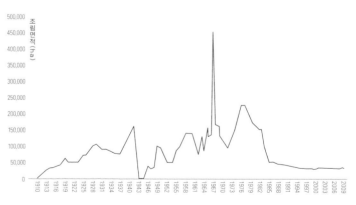

그림 1 연차별 조림면적(1910~2010년)   자료: 조선총독부 통계연보, 산림청 임업통계연보

치산녹화 시대 /

간 ^{1988~1997}년에는 32만 4천ha, 4차 산림기본계획기간 ^{1998~2007} 년에는 20만 7천ha, 5차 산림기본계획기간 중 3년차까지는 6만 5천ha의 면적에 각각 조림이 이루어졌다.

치산사업 및
보호사업

황폐화된 산림을 되살린 녹화사업 이후 그것을 유지하기 위한 치산사업 및 보호사업
이 실시되었다. 황폐지를 복구하고 토지의 붕괴를 예방하기 위해 사방사업과 화전방
지사업을 하고, 산림보호를 위한 부정임산물 단속, 산불방지, 병충해 방제를 시행하
였다. 우리나라의 치산 및 보호사업을 위한 실천사항을 살펴본다.

01

사방사업

　　사방사업은 비가 많이 오거나 바람이 심해 흙·모래·자갈 등이 이동하여 나타나는 재해를 예방·복구하기 위해 실시하는 공사를 말한다. 사방사업에는 주로 토목적인 방법과 조림적인 방법 또는 양자를 병행하여 실시하고 있다. 시공 장소에 따라 산지사방·야계사방·해안사방으로 대별한다. 사방사업 방식으로는 황폐지를 복구하거나 산지 기타 토지의 붕괴, 토사의 유출 또는 모래의 날림 등을 방지 또는 예방하기 위해 공작물을 설치하거나 식물을 파종·재식하는 사업 등이 있다.

　　우리나라 사방사업은 1907년 서울 부근을 녹화하며 풍치를 높이기 위해 창의문 내 백운동에 조림할 때 처음 시작되었다. 이때 실시한 작업방법은 적묘공積苗工으로 산비탈을 다듬고, 산비탈면에 수평계단을 설치하고, 단상에 떼를 붙이고, 묘목을 식재하는 작업법이었다. 이때 소나무, 곰솔, 상수리나무, 물갬나무

등을 심은 것이 성공해서 이후 다른 지역에 사방사업을 실시할 때 모범이 되었다.[1]

일제강점기인 1919년에 한강, 금강, 섬진강, 영산강, 낙동강 등 8대 하천 황폐지 조사결과 11만 8천ha의 황폐가 심한 것으로 나타나 이에 대한 산지사방사업이 시작되었다. 1933년 전국의 황폐지는 20만 5,462ha로 이 중 90%가 경기도 이남 지역에 분포하였다. 황폐지 조사결과에 따라 사방사업계획을 수립하여 1918년에서 1939년까지 총 13만 5,593ha의 산지사방사업을 하였고, 1945년 해방 때까지 실시한 산지사방사업지의 총 면적은 20만ha 정도였다.

산지사방(山地砂防)
산지 사면의 토사와 자갈의 생산 이동을 억제, 예방하고 재해의 경감과 방지를 위한 사방사업

야계사방(野溪砂防)
계류의 기슭 또는 바닥을 침식시켜 하계에 토목공사를 하여 그 침식을 방지하고, 유출을 막고, 홍수의 해를 경감시키며, 재해를 예방하기 위한 사방사업

해안사방(海岸砂防)
해안 모래언덕의 조성과 해안 저지의 고정을 통해 모래날림의 해, 모래언덕의 이동, 해안의 침식을 방지하고 해안 사지를 안정시킴으로써 수림지를 조성하여 배후지역의 토지를 효율적으로 이용할 수 있게 하기 위하여 실시하는 사방사업

야계사방은 대부분 산지사방공사지역 내에서 이루어졌는데, 그 길이가 약 1,600km로 1930년 대홍수가 발생한 이후 야계사방이 본격적으로 실시되었다. 1922년부터 1936년 사이의 사방사업 면적은 총 5만 9천ha에 불과하였다. 1930년 이전에도 그 면적이 적었으나 1932년부터 사방사업 면적이 1만ha 이상이 되었다. 이는 1930년대에 홍수가 많이 발생한 데 따른 사업량의 증가로 볼 수 있다.[2]

광복 후 사회적 혼란 때문에 사방사업 시설물들은 거의 파괴되었다. 산림 복구의 긴급성이 인정되어 1947년 '조림 및 사방사업 10개년 계획'을 수립하여 1948년부터 1957년 사이에 황폐임야 44만ha의 복구사업을 추진하였다. 그러나 시작부터 극심한 사업비 부족, 소요자재 결핍, 인원 및 기술 부족 등으로 1952년에 종결되었다. 사방사업은 1948년 4,071ha, 1949년 5,210ha, 1950년 1,367ha, 1951년 4,573ha, 1952년 984ha를 실시하여 5년간 1만 6천ha에 걸쳐 이루어져 그 성과가 미미하였다.

1952년 5대강_{한강, 금강, 낙동강, 영산강, 섬진강} 유역을 조사한 결과, 황폐산지의 면적은 약 68만ha에 달했다. 이러한 광대한 면적으로부터 각종 재해가 발생될 수 있으므로 이를 예방하기 위하여 1953년에 새로 '산지사방사업 5개년 계획'이 수립되었다. 그리고 1953년 3월 15일은 사방의 날로 제정되어 대통령이 참석하는 전국사방사업촉진대회가 개최될 정도로 사방사업의 중요성이 부각되었다. 그럼에도 불구하고 사업은 작업 부실, 예산 불충분 등으로 매우 부진하여 4년 동안 2만 4천ha 사방사업을 실시하고 1956년 종결되었다.[3]

이후 1957년 '1차 사방사업 5개년 계획'을 세워 4만ha가 넘는 지역에 사업을 실행하였고, 1959년까지 총 12만 7천ha의 사방사업을 추진하였다. 1960년부터 1972년까지 52만ha가 넘는 사방사업이 이루어졌다. 1963년에는 범국민운동에 박차를 가하여 사업량을 크게 증가시켜, 1963년에 18만ha, 1964년에는 11만ha의 산지사방을 완료하여 2년간 약 30만ha에 달하는 황폐지를 복구하는 데 성공하였다.[4] 1964년 황폐지 조사 결과, 약 7만 8,366ha의 사방방지가 요구되어 치산 7개년 계획 1965~1971년을 수립·시행하였다. 1967년에는 산림청이 생기면서 주로 6대강 한강, 금강, 낙동강, 영산강, 섬진강, 태화강 수계 산림종합복구계획을 수립하고, 사방사업을 수계별로 집중하여 시행하였다. 1965년부터 황폐지 면적이 감소함에 따라 사업면적이 감소되어 연간 1만ha 이하의 사방사업이 실시되었다.

사방사업은 지방뿐 아니라 서울에서도 실시되었다. 이 중 하나가 홍릉지구 녹화 및 사방사업이다. 1972년 서울시에서 진행된 홍릉 주변 한국과학원 앞산 황폐임지 5ha에 대한 사방 및 조림사업과 철조망 시설공사가 그것이다. 이 지역의 무허가 건물을 철거하고 주민들을 영등포구 신월동 정착 난민촌으로 이주시킨 후 도시녹화사업에 착수하였다. 사방사업으로는 석축, 수로 등을 설치하고 잣나무, 리기다소나무, 단풍나무, 개나리를 심었는데, 사업은 2개월 1972년 6~7월에 걸쳐 연인원 2,300명을 투입하여 진행되었다.[5]

1972년에는 한일 항공노선 집단황폐지 복구사업계획을 수립하고, 1973년부터 복구사업이 시작되었다. 대표적인 대단지 및 특정지구 사방사업으로는 국토노변 종합정비사업, 경상북도 영일지구 사방사업, 전라북도 완주지구·익산지구·남원지구 사방사업 등이 있다.[6] 영일지구 사방사업지는 영일군, 월성군, 안강읍, 포항시에 걸쳐 분포한다. 이 지역은 1940년대 일본의 전쟁물자 조달, 1950년대 6·25전쟁 등으로 인해 임상이 파괴되고 사회적·정치적 혼란과 연료난 등으로 극심한 황폐가 발생한 지역이다. 우리나라에서 사방사업이 시작된 1907년 이래 이 지구에 무려 50여 회에 걸쳐 소규모의 사방사업을 시행한 바 있으나 복구에 성공하지 못하였다. 산림황폐로 인한 토사 유출로 형산강 상류 하천들의 하상이 높아지고, 영일만이 퇴적·매몰되는 등 그 피해가 극심하였다. 대상 면적은 4,500ha가 넘었다. 전북 완주지구에서는 완주군 모악산 주변에 산사태 복구사업을 시행하였는데, 이 지역은 1976년 8월 6일에 300mm의 집중호우가 내려 180ha의 산사태가 발생하여 산림이 크게 파괴되

고 73명의 인명피해와 가옥파손 등 막대한 피해가 발생했다.[7]

1차 치산녹화 10개년 계획[1973~1982년]에서는 당시 황폐지 면적 12만 178ha 중에서 8만 4,220ha[산지사방 8만 3,268ha, 해안 592ha]와 야계사방 500km를 10년간 실행할 계획이었으나, 치산녹화 10개년 계획이 4년 앞당겨져 완성되었기에 사방사업은 계획의 절반 정도밖에 하지 못하였다. 정부는 사방사업 기본방침인 지구완결원칙하에 산 위에서 계곡까지 연결하여 실시하는 사방녹화를 실시하였다. 황폐지복구대상지는 나지녹화, 일반사방, 특수사방지로 구분하는데, 나지녹화는 경사가 완만한 헐벗은 땅에 풀씨, 아까시나무, 싸리 종자를 파종하여 녹화하고, 일반 공법으로 실시가 불가능한 황폐가 극심한 곳은 특수사방을 실시한다. 1977년에는 임지훼손 허가 및 복구요령이 제정되었으며 사방사업의 대표적인 성공으로 평가되는 영일지구 특수사방사업이 마무리되었다.[8]

2차 치산녹화 10개년 계획[1979~1987년] 기간에는 1차 치산녹화 10개년 계획기간 이후의 나머지인 7만 8,400ha[산지사방 7만 8천ha, 해안사방 400ha]의 황폐지를 완결하도록 하였다. 2차 치산녹화 10개년 계획 중 사방사업의 효율적인 추진을 위하여 1980년 말 사방사업지 면적은 3만 3,990ha밖에 되지 않았다. 사방사업지 면적 3만 3,990ha는 동해고속도로변 및 경주지구 등을 포함하는 특정지구[9개]에 3,893ha, 합천, 포천, 이천, 진안 등의 대단지 14개에 1만 1,751ha, 그리고 기타 지구에 1만 8,346ha가 분포되어 있었다.

대표적인 대단지 및 특정지구 사업으로는 경기 포천지구 사방사업, 강원도 동해고속도로 특정지역 사방사업, 강원도 양양 대단지 사방사업, 강원도 기타 지구 사방사업 땅굴 주변, 댐 주변, 영동 고속도로변을 포함한 영서지역, 충청북도 옥천지구 사방사업, 충청북도 보은 수해복구사업, 전라북도 진안 대단지 사방사업, 전라북도 남원지구 사방사업, 경상북도 성주지구 사방사업, 경상남도 합천 대단지 사방사업 등이 있다.

사방사업지 중 경기 포천지구 사방사업, 강원도 동해고속도로 특정지역 사방사업의 사례는 다음과 같다.[9]

경기도 포천지구 복구사업은 황폐지가 집단적으로 많은 일동면, 이동면의 726ha가 대상이었다. 이 지역은 38선에 접한 지역으로 6·25전쟁 전에는 이동면 전 지역이 이북 땅에 속했던 곳이기도 하다. 산이 험준하여 군 작전상 요충지이므로 6·25전쟁 시 치열한 접전이 있어 나무들이 전시 연료 또는 은폐 엄폐물로 이용되었고 무수한 포탄세례로 산야가 파괴되어 황막한 황폐지로 변한 지역이다. 특정지역 복구지로 우선적으로 선정하여 지구별 완결원칙에 따라 1985년까지 집중 사방사업을 시공키로 하고 소요인원 54만 9,424명을 출역시켜 726ha의 사방사업을 완료하였다.

동해고속도로 지구는 동해안을 따라 남북으로 연결된 동해
고속도로 주변에 많은 지하자원이 매장된 태백권을 중심으로
한 영동 남부 7개 시·군 지역으로, 황폐면적은 1만 5,527ha이
다. 이 지역은 많은 지하자원이 매장된 관계로 일제강점기부터
무분별한 산지개발 및 산림훼손에 따른 임지의 파괴와 6·25전
쟁에 의한 전화로 황폐지가 계속 방치되었다. 이후 황폐지가 점
차 확대되었고, 또한 황폐지역 대부분이 석회암 지역으로 식
생 조성에 부적합하여 많은 재해의 원인이 되어왔다. 6·25전쟁
직후부터 많은 황폐지를 복구하였으나 기술이 정착되지 않아
완전한 복구가 이루어지지 않았다. 지구완결원칙에 의한 복구
사업 추진으로 산지 및 해안사방이 성공적으로 완료되었다.

1984년도에 재차 전국적으로 사방사업지 재조사를 실시한
결과에 의하면, 그 면적이 8,530ha밖에 되지 않았다. 시·도별
로 보면, 서울 91ha, 부산 6ha, 경기도 280ha, 강원도 842ha,
충청북도 24ha, 충청남도 192ha, 전라북도 707ha, 전라남도
603ha, 경상북도 4,701ha, 경상남도 1,084ha로 이루어졌다.
이와 같이 산지사방, 특히 대면적의 황폐지 복구사방이 어느 정
도 마무리 단계에 들어서면서 이후에는 야계사방을 더욱 많이
시행하였다.

제3차 산지자원화계획 1988~1997년부터는 황폐지 복구보다는
환경사방사업에 중점을 두었으며, 이후에는 2000년 동해안 산

불 피해지 복구, 2002년 태풍 루사, 2003년 태풍 매미 피해지 복구 등 피해지에 대한 복구작업이 주로 이루어졌다. 1차 치산녹화계획기간부터는 사방면적이 1만ha 이하로 감소하였고, 2차 치산녹화사업의 종결과 함께 사방사업도 마무리되어 1990년대부터는 사방면적이 1천ha 이하로 줄어들었다. 이는 우리나라에 황폐지 산지사방이 거의 완료되었음을 보여준다. 1973년부터 2005년 사이의 33년간 사방면적은 8만 4천ha로 1998년부터는 그 면적이 200ha 이하를 나타내고 있다.[10]

황폐계곡에 사방댐을 시공하기 위한 기초자료로서 사방댐 시공적지 조사를 1984년에서 1985년까지 2년간 실시한 결과, 모두 649개소가 조사되었다. 이때 조사된 사방댐 적지는 시·도별로 경기도 93개소, 강원도 115개소, 충청북도 11개소, 충청남도 77개소, 전라북도 30개소, 전라남도 99개소, 경상북도 57개소, 경상남도 167개소로 모두 649개소였다. 이 조사자료를 바탕으로 1986년 31개소에 우리나라 최초의 사방댐이 시공되었다. 이후 매년 수십 개의 사방댐을 시공하여 2005년까지 전국에 필요한 8,694개 중 1,743개의 사방댐이 완공되었다.

야계사방은 1955년까지는 거의 시행하지 못했고, 1956년에서 1962년 사이에는 연평균 100~150km를 시행하였다. 이후 중단되었다가 1968년에서 1972년 사이에 100~200km를 시행하였다. 다시 중단되었던 야계사방은 1984년에야 비로소 마무

위 산지사방 / **아래** 철제 사방댐

리되었다.[11]

사방사업은 일제강점기 초기에 시작되어 30년 동안 20만ha에 걸쳐 실시되었다. 해방 직후 혼란기에는 사방사업의 추진이 부진하였지만 1958년 이후부터는 급증하여 매년 수만 ha씩 사방사업을 하였고, 1963년과 1964년 2년 동안 10만ha가 넘는 지역에 사방사업을 실시하였다. 이후 대상지가 적어짐에 따라 사업량이 적어져 수천ha 수준으로 유지되었다. 특히 1990년 이후부터는 100ha 전후의 사업을 실시하고 있다. 2000년대에는 동해안 산불피해지, 태풍 루사·매미 등의 피해지를 주 대상으로 사방사업을 시행하였다. 1945년 이후 2005년까지의 사방사업의 총면적은 74만ha에 달한다.

일제강점기 후반의 산림벌채, 난방 및 취사연료 부족 등으로 인한 과다한 벌채, 해방 이후의 혼란기와 6·25전쟁 피해 및 난민 발생 등으로 인하여, 1950년대 초반 대도시 주변의 숲은 황폐되어 바람이 불면 흙이 날리고 비가 오면 산사태가 발생하는 등 그 피해가 컸다. 이후 1950년대 후반부터 본격적으로 시작된 사방사업은 1960년대 후반까지 대대적으로 실시되었다. 이로 인해 많은 황폐지가 복구되어 임지가 안정되고 숲이 조성되었다. 이와 같은 사방사업은 숲을 조성하기 위한 조림사업과 더불어 우리나라의 산림녹화에 이바지한 중요한 사업으로 인정받고 있다.

02

화전정리
사업

　　화전火田이란 산림에 불을 놓아 임목과 지피식물을 태워버린 후, 그 적지에 경작하는 토지이다. 화전 경작은 농업발전단계에서 원시단계의 경작법이라 할 수 있다. 보통 화전 후 몇 년이 지나면 지력이 감퇴하므로 폐경하고 다시 다른 산림으로 옮겨가서 화경을 하게 되므로, 화전 및 그 적지의 경사지에는 호우가 오면 표토 침식 및 유실, 또는 경사지 붕괴가 심하게 발생한다. 이는 산림황폐의 원인이 된다.

　화전은 오래 전부터 있었다. 고려시대 중기 이후에는 국정 문란으로 삶이 어려워진 농민들이 입산하여 화전이 증가했다. 조선시대에도 화전은 계속되어 조정에서는 화전을 금지하고 단속하였으나 임진왜란과 같은 전란이 발생한 후에는 농민들이 산으로 들어가 화전이 증가하였다. 영조시대에는 화전의 피해가 극심하고 구민으로 쓰는 약초 산삼도 모자랐으므로 화전

경작을 엄금하는 규정이 나왔다. 즉, 새로 나무를 자르고 개간하는 것을 엄중히 금지한 것이다. 또 화전에 대해 세금을 부과한 문서인 공부公簿가 처음 나타난 것이 이때인데, 육등답六等畓으로 토지 등급을 정하여 과세하였다고 한다. 조선 후기에는 국정이 문란해지고 청·일전쟁 등으로 인해 화전이 늘어나 그 피해는 더욱 심해졌다. 1908년에 제정된 삼림법에는 화전 단속에 관한 내용이 포함될 정도로 화전피해가 많았다.[12]

일제강점기에도 화전이 증가하여 이에 대한 방안을 모색하였으나 화전정리사업은 거의 실행되지 않은 편이다. 1916년 화전면적이 8만 정보, 화전민이 24만 명이었던 것이 1924년에는 14만 정보, 31만 명으로 늘었다. 특히 강원도는 1924년에서 1932년까지 자체적으로 화전정리사업을 실시해, 화전민 1,659세대에 다른 땅代土 6,360ha를 나누어 주어 정착시켰지만, 화전민들의 집단생활 부적응과 지력 쇠퇴로 5~6년 후 이주자의 8할 이상이 이탈, 다시 산으로 들어가 화전을 부치면서 화전정리사업은 실패로 끝났다.

1929년에는 화전조사위원회를 설치하여, 1932년에 본격적으로 화전정리에 나섰다. 함경남북도, 평안북도에는 전국 국유림의 7할에 해당하는 대규모 산림지역이 있었고, 이 지역 12만ha의 화전에 27만 호의 화전민이 거주하여 화전피해가 컸다. 1932년에는 15년 계획으로 예산 2,683만 원을 투입, 화전을 정리하고, 화전민의 경작지 영농방법을 개량하면서 이들을 정착시킨다는 계획을 세웠다. 화전민을 다른 곳으로 이주시키는 것은 아니고, 영농개량에 의한 현지 정착 방식으로 화전의 확대를 막고자 하였다. 그러나 중·일전쟁, 태평양전쟁으로 화전정리사업이 거의 실행되지 않고 화전민은 오히려 그 수가 늘어나 1939년에는 화전면적이 57만ha, 화전호수가 34만 호로 증가하였다.[13]

해방 후에는 화전 인구가 늘고, 6·25전쟁, 특히 수복 후 북한에서 많은 피난민이 유입되면서 화전 개간이 증가하였다. 해방 이후 1950~1960년대에는 농경지가 없거나 농지가 부족하여 생계가 어려운 농민과 도시의 실업자가 산에 들어가 화전민이 되는 경우가 많았다. 1965년 말에 화전민은 7만 호, 42만 명에 달하며 화전면적도 4만ha에 이르렀다. 이들 화전민은 산에 불을 놓아 여러 해 동안 자란 좋은 임목을 태워 버리고 그 땅을 경작하다가 지력이 쇠퇴해지면 또 다른 곳으로 이동하는 식으로 살았기 때문에 그로 인한 산림피해는 심각했다.[14]

4·19 혁명기에는 단속을 해야 할 행정력이 제대로 작동되지 않으면서 화전은 극에 달한다. 5·16 군사정변 후 정부는 산림 훼손을 단속하는 행정을 강화하였지만 화전을 단속만으로 금지시키는 것은 역부족으로, 큰 효과를 보지 못한 채 임산물 단속이 오히려 화전민을 증가시키는 또 다른 요인으로 작용하였다.

정부가 임산물 단속의 강도를 높이자 그동안 정부로부터 정식으로 허가를 받은 벌채나 무허가 도벌 등 벌목 경기를 보고 산으로 들어 왔던 많은 인부들은 갑자기 수입원이 끊어지는 어려움에 직면하게 되었다. 이로 인해 일부는 춘궁기에 구호양곡의 배급으로 연명하다가 벌채 때 쓰던 도끼나 톱 대신 삽과 괭이를 들고 산비탈에 화전을 일구게 되어 화전은 다시 증가하였다.[15]

1966년 4월 23일 '화전정리에 관한 법률'이 제정·공포되었다. 이 법은 경사 20° 이상의 화전은 전부 산으로 복구시키고 경사 20° 이하의 화전은 경작농가가 10년간 할부상환으로 살 수 있도록 하여 화전으로 인한 산림피해를 최대한 방지하면서도 화전민의 생활안정을 도모하였다. 법의 내용은 그동안 산에다 불을 놓거나 개간하는 방법으로 토지를 불법적으로 점유·경작하던 화전민들의 화전지를 신고하도록 하고, 신고한 화전민을 대상으로 화전지 폐지와 이주, 이전, 현지 정착시키는 방법으로 합법화하여, 정부가 기존 화전을 농경지 또는 산림으로 복구하도록 하는 근거를 제공한다. 화전정리에 관한 절차와 이에 대한 위반 시의 형벌을 규정한 이 법의 골자는 다음과 같다.

첫째, 경사 20° 이상의 산림 안에 있는 화전은 산림으로 환원시키며 그 외의 산림 안에 있는 화전은 농경지로 조성한다.

둘째, 화전정리에 관하여 필요한 사항을 심의하기 위하여 농림부와 각 도에 화전정리 심의위원회를 둔다.

셋째, 화전의 소유자, 경작자, 산림계는 소정 기일에 각 도지사에게 화전을 신고한다.

넷째, 농림부는 화전실태를 조사하고 정리 대상지를 결정한 후 이를 소정 기간 공고하고 각 정리자들에게 정리할 것을 명령한다.

다섯째, 화전정리를 위하여 경작자를 이주시킬 수 있으며 이에 필요한 비용의 일부를 보조 또는 융자할 수 있다. 기타 본 법에 위배된 사람은 2년 이하의 징역, 5만 원 이하의 벌금, 구류, 과료 등에 처한다.[16]

1967년에는 1966년에 이어서 화전민 이주주택 건축비의 일부로서 자재대금을 국고 보조하는 동시에 이주 화전민에게 지급할 대토代土 확보비의 일부도 국고에서 보조하도록 결정하고, 화전민 이주사업요령을 마련하였다. 이 법률의 주요 내용은 화전민은 호당 1만~1만 5천ha의 대토와 주택을 마련하여 집단 이주 정착시키고, 대토 개간지 주변은 방풍림, 초지대를 조성하여 풍수해로부터 보호하며, 이주 화전민에 대한 영농지원과 기술 지도를 적극 실시하고, 화전방지감시초소를 설치하며, 화전 정리는 산림황폐를 초래할 우려가 있는 곳부터 우선 실시한다는 것이었다.

화전정리사업은 화전과 화전민이 가장 많았던 강원도에서부터 먼저 시작되었다. 1965년 1월 당시 기준으로, 전국의 화전 농가는 3만 8,051호, 화전민 수 20만 8,654명, 화전경작 면적이 2만 5,354정보였다. 강원도의 화전 농가는 3만 1,079호로 전국 화전의 약 90%나 차지하였다. 또 이들이 경작하는 화전면적은 총 2만 28정보에 달하였다. 무엇보다 강원도 화전의 81%는 20° 이상의 급경사지에 위치했다. 강원도는 그만큼 화전에 따른 피해가 심각했다. 이러한 이유로 강원도는 '화전정리에 관한 법률'을 제정, 공포하기 이전인 1965년도부터 이미 자체계획으로 화전정리사업을 추진한다. 1965년 산지종합개발 7개년 계획이 그것으로, 목표는 국토의 황폐화를 방지하고 산림자원을 조성하여 산업발전과 더불어 화전경작자의 생활을 안정시킨다는 것이었다.

강원도는 화전민 이전사업을 착수해 1965년 3천 호, 1966년에 1,814호를 이주 정착시켰다. 1965년에는 2,736ha의 산림을 복구하였고, 1966년에는 1,964ha의 산림복구와, 69ha의 농경지화를 이루었다. 이주 화전민에 대해서는 주택 건축비를 보조하고 1가구당 1만 4,876m²의 미개간지를 주며, 개간을 지원하기 위한 식량을 공급하는 등 안정된 생계를 위한 지원을 하였고, 농업기술 보급과 영농자금 융자를 실시하였다.

강원도는 이러한 사업을 통해 약 4,700ha의 산림을 복구시켰다. 또한 정리사업으로 1967년부터 1972년까지 6년 동안 3

만 1,500호를 이주시키고, 8,892ha 산림을 복구하고 2,995ha 를 농경지로 바꾸었다. 1968년, 울진·삼척 지역으로 무장공비가 침투하는 사건이 발생함에 따라 1969년부터 1973년 사이에 안보 차원에서 간첩침투 취약지구를 대상으로 독가촌을 정리하고, 산간 독립가옥을 이주시키는 사업을 시작하였다. 특히 강원도는 취약지구 대책사업으로 독가촌 2,800여 세대를 이주 시키면서 1969년부터는 기존의 산지종합개발과 화전정리사업은 백지화되어 이 사업은 1972년까지 2,100세대, 이 중 화전민 세대 1,978호를 이주 정착시키고 종결된다.[17]

1973년 6월 1일 당시 대통령은 새말-대관령 간 영동고속도로 예정지 순시 중 "화전정리사업은 단계적으로 추진하고, 화전정리방침은 중앙에서 수립하여 각도에 시달하며, 화전정리 사후관리와 화전민 생활안정대책에 만전을 기해야 한다"는 지시를 내렸다. 정부는 이에 따라 산림복구대책지에 대한 조림계획을 수립하고, 국·공유림 화전의 경우 농경지 잔존 대상은 경작자에게 소유권을 이양한다는 방침을 세웠다. 1973년 전국 화전조사 결과, 화전면적은 4만 1,132ha로 이 중 산림으로 복구할 대상이 2만 5,490ha, 경작지로 양성화할 지역이 1만 5,642ha로 나타났으며, 총 화전가구 수는 13만 5천호로 이 중 이주대상은 6,597호, 현지 정착대상은 12만 8,220호로 조사되었다.[18]

화전정리 5개년 계획은 합법적인 절차 없이 산림을 개간하여 농경지로 사용하거나 사용하였던 화전을 정리하여 토사 유출을 미연에 방지하고 산림자원을 조성하여 국토의 황폐화를 막고 화전민의 생활을 안정시키는 데 목적을 두었다. 화전정리는 화전민의 생계와 관련된 문제로, 이들을 이주시킨다고 해도 삶을 영위할 수 없으면 화전정리 역시 성공하기 어렵기 때문에 '선先 생계대책, 후後 화전정리'라는 원칙을 세웠다.

화전정리사업은 화전민에 의한 산지의 불법적 이용을 막기 위한 것으로, 기존의 불법적 토지 이용을 합법화하는 작업을 포함해 화전민의 이주와 산림복구를 주요 내용으로 한 것이었다. 정부는 1974년을 기점으로 사업을 시작하면서, 화전면적이 가장 큰 강원도를 시범도로 지정하였다. 강원도는 전체 면적에서 8할이 산림이고, 화전면적 또한 다른 도에 비해 가장 커 7만 5천ha 중 31%인 2만 3,250ha를 차지하였다. 강원도 다음으로 화전면적이 큰 충북, 경상북도으로 단계적으로 넓혀 나가고, 1977년 전국적으로 확대하여 충북, 경상북도의 일부 화전지를 제외한 모든 화전을 정리한다는 것이 정부의 계획이었다.

1974년부터 1979년까지 6년간 실시된 화전정리사업 면적은 10만 7천ha로, 이 중 산림복구면적이 7만 4천ha, 농경지화 면적이 3만 3천ha로 산림복구면적이 70% 정도를 차지하였다. 1976년의 정리면적이 4만 7천ha로 가장 많았으며, 이후

치산사업 및 보호사업

정리면적은 감소하여 1979년에는 800ha가 조금 넘은 정도였으며 이 면적이 최종 화전정리사업 면적이 되었다. 1974년부터 1979년까지 6년간 화전정리사업 대상 화전가구 수는 총 26만 7천 호로 이 중 90%가 넘는 가구가 현지에 정착을 하고 7%만이 이주하였다. 1975년과 1976년 2개년에는 9만 화전가구가 정착하거나 이주하였으며, 1978년에는 7천 가구 중 4,700가구만 정착하고 나머지는 이주하여 화전민 이주사업이 완료되었다. 1978년에는 또한 누락 화전지가 발생하지 않도록 관계공무원에 대한 계열별 연대책임제를 실시하고, 재입주방지를 위해 헬기에 의한 공중단속 및 의법 조치를 강력하게 전개하여 1979년 잔존 화전지 819ha를 완전히 정비함으로써 성공적으로 완료되었다.[19]

화전지의 산림복구면적은 총 산림면적의 1%를 조금 넘는 정도이므로, 경제적인 효과는 크다고 볼 수 없으나 화전으로 인한 산림피해 예방과 국토 보존 측면에서는 그 의의가 크다고 볼 수 있다. 1979년 화전정리사업을 완료한 후에도 다시 산에 들어가 화전을 일구는 일이 없도록, 시장, 군수로 하여금 매년 1회 이상 정기점검을 실시하도록 하였다.

예부터 지속되어왔던 화전정리가 성공할 수 있었던 것은 당시 정부가 화전민들이 다시 화전으로 돌아가는 것을 방지하기 위해 취로·취업 알선, 농토 확보, 한우차입대금 지원 등의 사업을 벌였고, 사회적으로는 1970년대 들어 경제발전으로 도시에 일자리가 급증하여 농민들이 대도시로 이주하는 이농현상이 일어나 농촌의 인구가 감소하였기 때문이었다. 또한 기술적으로는 항공측량기술이 발전하여 항공사진으로 화전의 색출이 용이해졌고, 도로가 개설되고 포장률이 크게 높아지면서 화전이 쉽게 노출된 것 또한 화전정리사업을 성공적으로 수행할 수 있었던 요인으로 여겨진다.[20]

03

산림보호

부정임산물 단속

해방 이후 빈약한 산림자원과 6·25전쟁으로 인한 혼란 등으로 산림의 피해가 가중되었다. 특히 도·남벌은 산림의 황폐화를 가속시켰다. 산림의 보호를 위해 정부는 다양한 방안을 모색하고 실행하였다. 전시戰時인 1951년에도 '산림보호임시조치법'을 제정·공포하여 산림경찰업무를 강화하고, 민유림 보호직원 1,100명을 배치하는 한편 헌병의 산림보호업무 촉탁제를 실시하였다. 정부는 또한 이 법에 의거해서 전국의 각 리, 동을 단위로 그 지역 내의 주민과 산림소유자로 하여금 계를 조직하게 하여 산림계 규약에 정하는 바에 따라 협동정신으로 자율적인 산림보호를 펼치도록 하고, 아울러 자발적인 조림사업에 대한 법령을 독립된 장으로 설치함으로써 산림계 사업의 기반을 굳게 하였다.

1951년부터 벌채목이 생산지 이외의 지역으로 운반될 때에는 반출허가를 받아야 했다. 허가받지 않은 임산물이 반입되는 것을 방지하기 위해 정부는 검문소를 설치하고 군郡, 경찰, 산림보호직원으로 구성된 합동 단속반을 배치하여 검문검색을 하였다. 중요 철도구역 내의 임산물 적치장에도 산림보호 단속원을 배치하여 부정임산물의 유통을 단속하였다.[21]

1957년부터 1959년까지 3년간의 부정임산물 단속결과 가장 많이 단속된 품목은 원목으로 나타났다. 단속된 총 원목량은 2만 9,880m³로 연평균 1만m³에 가깝다. 다음으로 장작과 목탄이 많았는데, 3년간의 총 단속량은 장작의 경우 5만 2,892m², 목탄은 2만 5,600포였다. 원목과 장작은 거의 같은 수준을 유지한 반면, 목탄은 증가하는 추세를 보였다.

1957년부터 1959년까지 3년간의 도벌 건수는 7만 1,231ha로 연평균 2만 3,744건이고, 재적은 28만m³로 연평균 9만m³가 넘는다. 도벌건수는 증가하고 면적은 약간 감소하는 추세이나, 피해량은 많이 감소하는 경향을 보이고 있어 단위면적당 도벌되는 양이 감소한 것을 알 수 있다.

즉, 정부는 산림 보호를 위하여 단속을 강화하였으며 필요한 인력은 공무원뿐 아니라 산림계나 산림조합과 같은 민간조직원도 활용하였다. 단속인력에게는 책임구역을 설정하여 관리책임을 명백히 하였으며, 산림계나 조합은 그 구성원들의 이익과 결

구분 / 연도	원목(m³)		장작(평)		목탄(포)		제품(m³)	
	건수	수량	건수	수량	건수	수량	건수	수량
1957	794	10,485	919	5,964	70	6,687	13	215
1958	844	10,247	1,497	5,231	78	7,401	13	557
1959	782	9,148	1,218	4,640	96	11,512	9	779

표 4 부정임산물 단속 결과(1957~1959년)   자료: 산림청(1996), 《한국임정50년사》

년도	건수	면적(ha)	재적(m³)
1957	18,875	15,157	141,499
1958	24,518	16,016	68,102
1959	27,838	14,110	71,157

표 5 도벌피해(1957~1959년)   자료: 산림청(1996), 《한국임정50년사》

구분	산림청 발족 이후 구분1967~1972	제1차 치산녹화기간 1973~1978	제2차 치산녹화기간 1979~1987
건수(건)	107,539	45,497	22,730
면적(ha)	36,358	6,265	2,737
재적(m³)	106,039	23,153	19,899

표 6 산림청 개청 이후 도·남벌 발생   자료: 산림청(1996), 《한국임정50년사》

부시켜 자발적이고 적극적으로 단속업무를 실시하도록 하였다. 1963년부터는 허가 없이 산림 안에서 임목을 벌채나 개간 또는 채취, 훼손, 반출, 거래하는 행위를 한 사람을 산림행정관서 또는 수사기관에 신고하거나 검거한 자에 대해서는 상여금을 지급하도록 함으로써 단속의 효과를 높였다.

1967년 산림청이 발족되면서 산림보호업무의 보강과 산림보호장비의 현대화(무전시설 확충 및 오토바이 배치)로 활동범위가 확대되었으며, 국민경제가 발전되며 사회가 안정됨에 따라 도·남벌이 감소되었다. 1967년부터 1972년까지의 도벌건수는 총 10만 7,539건, 면적은 3만 6,358ha, 피해량은 10만 6,039m³로 나타났다. 또한 정부는 산림보호의 방향을 피해예방 위주로 전환하며, 다각적인 도·남벌 방지책의 일환으로 1970년대에는 임산물의 반출허가 권한을 문화재관리국, 시·도·군·구에 위임하였다. 한편 산림보호직원의 원활한 보호활동을 위해 1971년에는 헬기 3대를 비롯하여 오토바이, 무전기, 쌍안경 등 각종 장비를 대폭 확충하였고, 산림 내의 특별단속은 물론 임산물의 수송열차와 차량 및 제재소 단속 등을 꾸준히 실시하였다.[22]

정부는 1973년부터 시작된 1차 치산녹화계획에 따라 강력한 산림보호정책을 실시하여 도·남벌 방지에 큰 성과를 올렸고, 2차 치산녹화 10개년 계획에 따라 자원화에 역점을 두는 한편 산림사고 방지에 대하여도 지속적인 노력을 기울여 도·남벌 등의 산림피해는 현저하게 감소되었다. 2차 치산녹화기간 동안 도·남벌의 발생건수는 총 2만 2,730건으로, 1967~1972년까지 발생건수의 21.1%, 1차 치산녹화기간 발생건수의 49%로 감소하였다.

산불방지

산불에 의한 피해는 단지 임목의 손실에 그치지 않고, 천연 갱신지의 치수, 종자 또는 인공조림지의 유령림이 전소되어 산림사업을 실시하지 못하게 만든다. 산불피해를 입은 임목은 고사하지 않고 생존하더라도 생장력이 쇠퇴하고 재질이 손상되며, 병충해를 입기 쉽다. 또한 임지에 분포하는 유기질 양료의 근원인 지피물이 소실되고, 토양공기를 감소시켜 임지를 악화시키며, 때로는 나지가 생기게 되어 결과적으로 임지의 황폐를 초래하게 된다. 특히 사방사업이 실시된 곳은 임지가 건조하여 산불에 대한 감수성이 크므로 산불이 쉽게 일어나며, 일단 산불이 발생하면 지피물 소실로 인하여 다시 나지화되는 경우도 적지 않다.

1957년부터 1959년까지 3년간의 산불피해면적은 1만 2,279ha로 연평균 4천ha가 넘었다. 건수로는 240건, 피해량도 2만m³가 넘게 나타났다. 해방 이후 산불발생의 주요원인은 입산자산림작업자. 사냥꾼 등 부주의와 산림개간시의 소각, 군 훈련 등으로 사람들의 과실과 부주의가 대부분이었다. 정부는 봄철과 가을철에 산불경방 강조기간을 설정하여 경방단警防團 조직, 계몽, 화기물 단속, 방화선 설치, 감시소 설치 등의 활동을 하였다. 산화방지를 위해서는 산림관계직원을 총망라하여 구역책임의 산화경방 독려반을 조직하여 지도력을 강화하였고, 산림계 및 국유림보호 조합원으로 하여금 산화경방단을 조직하여 산화의 미연방지에 주력하였다.[23]

1967년에는 산림청이 발족되어 산불방지와 산불계도를 지속적으로 실시했다. 산림청에서는 산림보호직원을 1,002명으로 늘리고 150명의 순산원을 배치하여 산불예방 활동을 강화하고 1971년 헬기 3대를 처음으로 도입하여 산불진화에 투입하였다. 이러한 노력에도 불구하고 산불발생건수는 증가하였고, 1972년에 대형 산불이 발생하는 등 산불피해는 줄어들지 않았다. 1967~1972년 6년간의 산불발생면적은 5만 4천ha로 연평균 9천ha, 피해량은 8만 6천m³로 연평균 1만 5천m³에 가까운 피해를 보았다. 1968년에는 1천 건 이상의 산불이 나 그 피해가 컸으며, 1972년에는 강원도 인제, 양양지역에 산불이 발생하여 발생면적이나 건수에 비해 피해량이 높게 나타났다.[24]

1차 치산녹화기간인 1973~1978년 사이에는 4,354건의 산불이 발생하여 1만 1,406ha가 피해를 입었다. 연평균 산불발생 725건, 피해면적 1,901ha, 피해량 1,434m³로 이전에 비해서는 피해가 많이 감소되었다. 산림청에서는 산불발생을 방지하기 위해 다양한 사업을 수행하였는데, 이 중 하나는 계도작업으로, 입간판을 매년 설치하였다. 1974년에는 3만 개 가까운 입간판을 설치하여, 6년에 걸쳐 총 9만 개 이상의 입간판을 설치하였다. 입산통제도 실시하였는데, 1973년 140만ha를 시작으로 1977년에는 550만ha 이상이 입산통제될 정도로 산불예방에 투자가 이루어졌다.

또한 산불이 발생하였을 때 산불이 확산되는 것을 막기 위한 방화선을 설치하였는데, 6년간 새로 설치한 방화선 길이는 총 598km로, 연간 100km가 새로 만들어졌다. 기존 방화선의 4,700km, 연간 800km에 가까운 방화선도 보수하여 산불예방 및 진화를 위한 투자하였다. 방화선은 1929년부터 1981년까지 산의 능선부에 총 10~20m 길이로 설치하였다. 산불 감시탑과 초소는 산 정상부에 설치하였고 무전기, 쌍안경 등이 지급되어 감시기능이 높아졌으며 산불진화장비도 개선되었다.[25]

특히 전남 승주, 경상북도 상주 등지에서 대형 산불이 잇따르자 정부는 1978년 4월 '산불예방에 관한 대통령 특별담화문'을 발표하였다. 그 내용은 산불을 낸 사람은 구속, 해당지역 군수 등 각급 행정책임자는 엄중 문책한다는 것이었다. 또한 대통령이 1978년 3월 24일 제주도 순시 중 조랑말을 이용한 순산巡山 방안에 관한 지시를 내렸다. 산림청에서는 조랑말 24마리를 마리당 약 40만 원에 긴급 구입, 원주에 있는 군마軍馬 훈련소에서 훈련받게 한 뒤 활동을 시작하였지만 사육비, 관리비 부담이 너무 크

순산(巡山)
산불, 병해충, 도벌 등의 사전 예방을 위해 순찰하는 것으로, 대표적인 것이 산불위험기간에 산불발생 위험요인을 사전에 제거하기 위하여 산림을 돌아보는 것이다.

고 활용이 제대로 되지 않아 1982년에 철회되었다.[26]

2차 치산녹화기간인 1979~1987년 사이에는 총 2,100건, 연평균 230건 정도의 산불이 발생하였으며 산불발생면적은 9,320ha로 연 1천ha가 넘었으나 1차 치산녹화기간의 산불발생면적보다는 낮게 나타났다. 또한 발생건수는 1/3 이상, 면적은 1/2 정도, 피해재적도 1/3 이상 감소하였다. 2차 치산녹화기간에는 산불예방과 조기 진화로 산불피해를 최소화하였는데, 부락 단위의 진화대 조직, 경방탑 확대 등 다양한 노력으로 산불이 감소되었다.[27]

3차 산림기본계획기간인 1988~1997년과 4차 산림기본계획기간인 1998~2007년 사이에는 1996년 고성 산불, 2000년 동해안 산불, 2002년 청양 예산 산불이 발생하여 산불의 피해가

강원도 삼척지역의 동해안 산불 복원지

대형화되었다. 3차 산림기본계획기간인 1988~1997년에는 산불 3,300건, 피해면적 1만 5천ha, 재적피해 42만m^3를 기록하였다. 4차 산림기본계획기간인 1998~2007년에는 산불 5천 건, 피해면적 3만 6천ha 이상, 재적피해는 196만m^3로 증가하였다. 숲의 나이가 많아짐에 따라 축적이 증가하여 산불이 발생하면 대형 산불이 되고, 이에 따라 피해면적이 넓어지고 피해재적도 커진 것이다. 특히 동해안 산불이 일어난 2000년에는 700건 이상의 산불이 발생하고 그 면적도 2만 5천ha가 넘으며 피해재적도 137만m^3가 되는 등 산불피해가 극심하였다.[28]

병해충 방제

해방 후 1960년대 중반까지 산림해충 중 가장 큰 피해를 준 것은 송충이, 솔잎혹파리, 독나방 등이었다. 산림해충 방제는 고사한 피해임목을 제거하고, 산림계·학생 등이 동원되어 유충, 고치 등을 수집하며, 피해가 심한 지역에는 살충제를 살포하는 것 등이었다. 1953년부터 1959년까지 7년간의 산림해충 발생면적은 500만ha가 넘으며 1957년 이후에는 100만ha가 넘을 정도로 급증하였다. 같은 기간 동안 방제면적은 260만ha로 전체 발생면적의 50% 정도에 불과하며 해충발생이 급증한 1950년대 후반에는 방제면적이 많아졌지만 방제면적 비율은 40% 수준으로 낮아졌다.

1960년대에는 솔잎혹파리, 솔나방 이외에도 흰불나방 등의 피해가 발생하여 연평균 55만ha 이상의 지역이 병해충 피해를 받았다. 발생면적은 지속적으로 증가하는 경향이다. 1967년에 46만ha에서 1972년에는 85만ha까지 증가하였다. 1971년까지는 방제면적이 발생면적보다 많았으나 1972년 발생면적이 급증하여 75% 정도의 방제를 하였다. 1960년대 주요 해충인 솔나방은 매년 40만ha 가까운 지역에서 발생하여 피해를 막기 위한 방제작업이 100% 이상 실시되었다. 솔잎혹파리의 발생지역은 8만ha에서 40만ha로 급증했는데, 발생면적의 1/3 정도만 방제를 하여 방제가 미흡했다. 또한 흰불나방은 1969년부터 발생하여 그 발생면적이 1만ha에 달했고 잣나무털녹병은 1972년 처음 발생하였다.[29]

각종 산림해충 중에서도 제일 피해가 큰 것은 송충과 솔잎혹파리 및 심식충과 독나방의 피해였다. 발생이 가장 심한 송충은 지피물이 없고 건조가 심한 소나무숲에 발생하기가 쉬워 전국 어디에나 널리 퍼져 있었다. 솔잎혹파리는 송충과는 달리, 지피물이 풍부하고 다습한 침엽수림에서 발생이 심하여 전라남도 전역과 전라북도 일부에 퍼져 점차 확장해가는 해충이었다. 1960년대에 접어들면서 종래의 솔나방, 솔잎혹파리는 물론 미국 흰불나방, 밤나무혹벌 등의 피해가 만연하기 시작하여 산림병충해에 의한 피해규모는 연간 평균 60만ha에 달하였다. 그 중 80%를 솔나방에 의한 피해가 차지했다. 특히 미국 흰불나방은 대도시와 간선도로변의 가로수와 활엽수림에 큰 피해를 주었고 밤나무혹벌은 재래종 밤나무를 전멸위기에까지 놓이게 하였다. 이에 따라 솔나방 구제를 위한 천적 사육방사를 더욱 확대하고 범국민적으로 인공포살을 실시하였다. 솔잎혹파리 성충을 대상으로 약제를 살포하고 피해가 극심한 지역은 피해목 벌채와 갱신조림을 실시하였다. 또한 밤나무혹벌의 피해를 방제하고자 내충성 수종의 육종과 우량묘목의 보급을 위해 각 도 임업시험장에 접수공급을 위한 채수포를 조성하도록 하고, 흰불나방은 약제와 인력구제를 병행 추진하였다. 1972년에는 솔잎혹파리의 피해확산을 막기 위해 1972~1973년의 2년간에 걸쳐 피해선단지인 경주지역 폭 4km 연장 40km, 면적 1만 329ha과 단양·제천지역 폭 4km 연장 7km, 면적 2,501ha에 대규모 방충대 설치를 위한 완전 벌채를 실시하였으나 별다른 효과를 거두지 못했다.[30]

　1차 치산녹화기간인 1973~1978년 사이에는 병해충 발생면적이 446만ha로, 이 중 406만ha, 90% 이상을 방제하였다. 병해충 발생면적은 1973년에는 68만ha에서 1975년에는 91만ha로 증가한 후 감소하여 1978년에는 64만ha에 발생하였다. 특히 솔나방, 솔잎혹파리, 흰불나방, 오리나무잎벌레, 잣나무털녹병을 5대 산림병해충이라고 하여 이에 대한 방제작업에 주력하였다. 방제면적이 발생면적보다 많은 경우는 방제면적을 연면적으로 계산했기 때문이다. 1972년에는 헬리콥터를 이용한 항공방제가 실시되었다. 또한 솔잎혹파리 확산을 차단하기 위해 경주지역과 단양, 제천지역의 피해지 앞에 폭 4km의 방충대를 선정하여 소나무를 모두 벌채하는 작업을 실시하였다.

2차 치산녹화기간인 1979~1987년 사이에는 383만ha에 병해충이 발생하였다. 이 중 절반 정도에 해당되는 191만ha에 방제작업이 실시되었다. 1979년에는 57만ha로 제일 피해면적이 컸으며 이후 피해면적은 서서히 감소하여 1985년에는 35만ha로 감소한 후 1987년에는 46만ha로 증가하였다. 가장 피해가 심한 해충은 솔잎혹파리로 230만ha에 발생하였으며, 다음으로 오리나무잎벌레, 흰불나방의 순서였다. 솔잎혹파리는 매년 200만ha 이상의 지역에 발생한 반면 솔나방은 1979년 13만ha에 발생한 후 1987년 1만 5천ha까지 그 발생면적이 대폭 감소하였다.[31]

4차 산림기본계획기간인 1988~2007년 사이에 병해충 발생면적은 701만ha, 연평균 35만ha이고, 방제면적은 470만ha, 연평균 24만ha로 병해충 발생면적의 2/3를 방제하였다. 가장 발생면적이 컸던 1988년의 46만ha 이후 발생면적은 감소하여 2004년에 24만ha로 가장 적었다. 이후 다시 증가하여 2007년에는 37만ha에 병해충이 발생하였다. 1997년부터 소나무재선충과 솔껍질깍지벌레의 발생면적이 남부지역에서 증가하였는데, 소나무재선충의 경우 고사율이 높아 그 면적에 비해 큰 피

치산사업 및 보호사업

해를 나타냈다. 솔껍질깍지벌레는 1997년부터 2007년까지 총 21만ha에 발생하였고 소나무재선충은 4만 6천ha에 발생하여 13만ha에 방제를 하였다. 방제면적이 발생면적보다 많은 것은 동일한 발생지에 2회 이상 방제를 하였기 때문이다.

조림 성공지
사례

우리나라의 조림 성공지 사례로는 국가에서 실시한 조림 성공지와 사방사업 성공지, 기업 조림 성공지, 독림가 조림 성공지가 있다. 현재 우리나라가 이룬 가치 있는 조림 성공지를 살펴보고, 조림의 성공을 위해 노력한 흔적들을 짚어본다.

국가에서 실시한
조림 성공지

대관령 특수조림지

강원도 영동과 영서지역을 이어주는 고개인 대관령은 해발 832m에 위치해 있다. 과거 이 지역은 소나무와 전나무뿐 아니라 피나무, 신갈나무 등 활엽수로 이루어진 숲이었다. 일제강점기부터 화전이 소규모로 있어 1968년 화전민 집단 이주 계획에 따라 이주민에게 168ha를 개간하도록 허가하였다. 그러나 숲을 마구잡이로 개간한 결과, 이 일대의 숲은 벌거숭이산으로 변해버렸다. 이 지역의 산림복구를 위해 1974년에 40ha 정도를 조림하였으나 강한 바람과 큰 기온 차이로 실패했다. 1975년도 영동고속도로 개통에 의해 대관령으로 고속도로가 관통하고 휴게소가 생김에 따라 많은 사람들이 벌거숭이산을 보게 되면서 이 지역에 대한 관심이 커졌고, 고속도로 주변 국토 녹화계획과 대통령의 지시에 따라 1976년도부터 11년

간 지속적으로 대관령 지역의 조림사업이 추진되었다.[1]

대상지는 평창군 대관령면 횡계리 70, 71, 72임반이다. 면적은 618ha인공림 311ha, 천연림 307ha, 해발 800~1,000m, 연평균 기온은 6.5℃, 최저 -32℃, 최고 33℃로 계절별 차이가 큰 산악지역이다. 평균 강설량은 187cm로 전국 평균의 3배가 넘는다. 평균 강우량은 1,272mm, 풍속은 최대 초속 28.3m, 순간 최대 초속은 45m로 바람이 강하게 부는 곳이다.

동사면은 해양성, 서사면은 내륙성 기후가 교차하고, 동절기에는 한랭한 편서풍과 눈이 많은 지역이며 4계절 강풍을 동반한 심한 안개와 흐린 날이 많은 곳으로 나무를 심고 키우기에는 어려움이 많은 지역이다. 1976년에는 일반 조림지와 같이 나무를 식재하였으나 바람 피해로 나무가 살지 못하여 실패했다. 이러한 실패를 바탕으로 바람을 막아 나무들이 살 수 있게 환경을 조성해주는 특수조림방법을 실시하였는데 특수조림지에서는 나무를 심을 장소에 일차적으로 방풍책을 설치하여 소면적으로 바람을 막아주고, 이차적으로 심은 나무에 통발을 설치해 개개목을 바람으로부터 보호하고 지주목을 세워 심은 나무가 바람에 흔들리지 않도록 하였다.

이외에도 나무들이 자라는 양분이 없는 척박한 곳이었기 때문에 이러한 척박지에서도 잘 자랄 수 있도록 비료목을 같이 심었다. 특수조림은 방풍책, 보호통발, 지주목, 비료목 식재로 이루어졌다. 방풍책은 총연장 4,813m로 높이 3m, 50m 간격으로 설치하였는데, 높이 3m의 통나무로 기둥을 세우고 조릿대, 싸리 등을 엮어 만들어 울타리의 앞과 뒤의 바람을 50% 이상 줄이는 효과를 냈다. 20m 길이의 울타리가 240개 세워져 센 바람에 무너지면 세우기를 수십 번 되풀이해야 했다.[2]

보호통발은 싸리나무를 이용하여 만들었으며 조림목마다 직경 50cm, 높이 70cm, 깊이 30cm의 통발을 설치하였다. 또한 조림목마다 지주목을 설치하고 조림목 사이 오리나무를 비료목으로 식재하였다. 1977년부터 특수조림을 실시하였는데, 식재수종은 전나무, 잣나무, 독일가문비, 낙엽송 등이었고 전나무, 잣나무는 묘목의 크기가 1m에 달하는 대묘를 심었다. 전나무와 잣나무는 ha당 2천 본 간격 2.0×2.5m, 낙엽송은 3천 본 간격 1.8×1.8m을 심었으며 자작나무는 경계지역에 경계표지목으로도 식

방풍책(防風柵)

식재한 어린묘목을 모래나 바람으로부터 보호하기 위하여 설치하는 울타리

지주목(支柱木)

식재한 나무가 바람에 쓰러지지 않게 하기 위하여 세워진 나무

비료목(肥料木)

임지의 지력을 증진시켜 나무의 생장을 촉진하기 위하여 식재한 나무로, 오리나무, 아까시나무 등이 이에 해당된다.

재를 하였다. 특수조림을 한 면적은 311ha이고 식재본수는 84만 본 이상이었다. 또한 논흙 90t을 산꼭대기까지 옮겨와 객토를 하기도 했다. 논흙은 트럭으로 횡계에서 대관령 휴게소 뒷산으로 운반하고, 이곳에서 조림지까지 지게로 다시 옮겨서 조림지의 식재구덩이에 채워 식재하였다.[3]

10년에 걸쳐 실시된 대관령 특수조림은 주민이 아니었다면 성공하지 못했을 것이다. 당시 이 지역에서 초등학교에 다녔던 주민은 "학교에서 방풍망을 만들어 오라는 숙제를 내주기도 했다"며 "어른들은 산에서 묘목을 캐오거나 마을마다 정해진 구역에서 반장의 인력동원에 따라 작업을 하고 밀가루 포대를 일당으로 받아오기도 했다"고 말했다.

조림사업 당시 평창군 산림과 직원은 "이 지역에서는 돌담을 쌓을 돌이 많지 않아 전통적으로 나뭇가지로 담을 세웠다가 나중에 땔감으로 써왔다"며 "방풍책은 이런 전통 지혜를 조림에 응용한 것"이고 "황무지가 푸른 숲이 되기까지 주민의 노력이 가장 컸다"며 "대대로 후손에게 물려줄 자랑스러운 숲"이라고 말했다.[4] 임학계에서는 조림에 대해 부정적이었지만 대통령의 특별지시에 따른 상급 관서의 사업 독려로 인해 담당자들의 고생이 많았다고 한다.

대관령 특수조림지에서도 나무를 심은 후에 풀베기 582ha, 비료주기 1,083ha를 하였는데, 조림목이 고사하여 빈자리에 다

위 강원도 평창 대관령 특수조림지 방풍막 설치 / **아래** 식재 후 모습

시 조림을 한 면적도 27ha나 있었다. 조림 후 5~6년이 지나서 실시하는 어린나무가꾸기는 445ha, 어린나무를 감고 올라가는 덩굴을 제거하는 덩굴류 제거작업도 26ha를 실시하여 숲을 관리하였다. 그리고 조림 후 20년이 지난 다음에 실시하는 솎아베기[1차와 2차 솎아베기]를 662ha 실시하였다. 이렇게 솎아베기를 2회 실시하였다는 것은 대관령 특수조림지의 식재목이 초기의 척박한 환경을 이겨내고 새로운 숲이 성공적으로 조성되었음을 말해준다.[5]

대관령 특수조림지 초기에 심었던 전나무, 잣나무, 낙엽송은 현재 그 높이가 10m가 넘고, 굵기도 15cm에 이르는 나무가 되어 빽빽하게 자리를 잡고 자라고 있어 이곳이 이전에 벌거숭이 산이었다고는 생각을 못할 정도이다. 대관령 특수조림지는 척박한 자연 조건을 다양한 방법으로 극복하여 만들어진 모범지로 국내·외에 널리 알려져왔다. 40년 전에 이용된 대관령 특수지 조림기법은 지금도 백두대간 마루금에서 조림하는 데 이용될 정도로 특수지 조림의 대표적인 조림방법으로 여겨진다.

가평 잣나무 조림지

가평은 예부터 잣으로 유명하며, 전국 잣 생산량의 반 이상을 생산하고 있어 잣나무 숲이 많이 자리 잡고 있다. 이러한 가평군에 위치한 경기도 소유의 잣나무 숲은 경기도 도유림사업소에서 조성 및 관리를 해오는 숲으로, 70여 년 전부터 조림이 이루어졌다.

가평군 내 도유림 면적이 2만ha가 넘지만 잣나무숲은 거의 900ha에 가깝게 분포하며 이 중 300ha 이상이 채종림으로 지정될 정도로 숲이 우량하다. 잣나무 조림지 중 대표적이고 우량한 잣나무숲은 가평군 상면 행현리에 위치한다. 주변에는 아침고요수목원, 축령산자연휴양림, 수동유원지 등이 있다. 약 13개 정도의 자연부락이 형성되어 있으며 그 중 농사뿐만 아니라 잣 채취와 소규모 가공공장을 겸한 가구가 많이 있어 잣 채취도 마을주민과 연계하여 실행한다.

잣나무 조림지는 축령산879m과 서리산825m을 중심축으로 하여 남쪽으로는 축령산자연휴양림, 북쪽으로 잣나무채종림을 포함한 잣나무숲이 분포하고 있다. 이 지역의 경사는 사면 상단부나 활엽수 천연림지역은 급하나 계곡 등 조림지역은 완만한 편이다. 토양은 사양토가 대부분이며 대체로 토심이 깊은 편이어서 잣나무가 자라기에는 적합한 지역이다. 계곡지역은 습하고 산정부분은 건조한 편이며, 상단부 약 8부 능선 위쪽으로는 천

채종림(採種林)

우량한 조림용 종자의 생산 공급을 목적으로 조성 또는 지정된 산림으로 소나무, 잣나무 등이 많이 지정되어 있다.

연림을 존치시키고 그 이하에는 잣나무가 대면적으로 식재되었다.

행현리의 잣나무 숲이 조성된 곳은 이전에 화전을 하였던 자리로 토양이 비옥하고, 조림을 위한 정리작업도 별로 할 필요가 없을 정도였다. 이 지역에 식재를 할 때에는 잣나무 묘목이 ha당 3천 본이 지급되는데, 묘목을 큰 길에서 조림지까지 옮기는 거리가 8km가 넘을 뿐만 아니라 찻길이 없어 사람들이 한 번에 1,500~2,000본의 묘목을 지게로 운반하였다고 한다. 이전에는 묘목을 조림지까지 옮기는 것도 간단한 일이 아니었다. 나무를 심을 때는 30명이 한 팀이 되어 한나절 심을 묘목 300본을 바구니나 망태에 담아 1인이 운반과 식재를 하였다. 지금은 2인 1조로 조림작업을 하지만 당시에는 1인 1조로 작업을 하였다. 또한, 모내기할 때 줄을 띄워 작업을 하듯이 산에서도 줄을 띄워 식재를 하였다. 한 사람이 하루에 600본 정도를 식재하였는데, ha당 식재본수는 경사지에는 평지에 심는 3천 본보다 많은 3,500본을 심었다. 마을 가구 수는 약 80가구였는데, 하루에 보통 60명 정도가 동원되어 식재하였다고 하니 마을 전체의 사업이었을 정도였다. 묘목을 심은 후 풀베기를 하는데, 잣나무 키보다 큰 풀만을 베었다. 이렇게 풀베기를 한 것은 심은 잣나무 묘목이 풀베기를 할 때 같이 잘려져 나갈 것을 막기 위해서였다고 하니 주민들이 얼마나 나무를 소중하게 여겼는지를 알 수 있다. 풀베기를 하는 면적은 나무 주변 좌우 50cm 넓이로 하고, 5년째에는 나무 밑의 풀을 모두 깎아주었다. 초기에 풀베기 면적을 적게 한 것은 인건비를 줄이기 위해서였다. 지금은 풀베기를 할 사람을 구하기가 힘들지만, 당시에는 다른 돈벌이 되는 일이 적었기 때문에 쉽게 풀베기를 할 인력을 동원할 수 있었다. 또한 솎아베기도 나무를 심은 지 20년 후부터 시작되는데, 이전에는 나무가 귀했기 때문에 잘라낸 나무를 쉽게 매각할 수 있었다.[6]

다른 지역에서는 산불이 많이 발생한 데 비해 이곳에서는 군사격장 주변을 제외하고는 산불이 발생하지 않았다. 이는 마을 주민들이 잣나무 숲이 도유림임에도 불구하고 마치 마을에 속한 숲처럼 여겨 소중히 다루고 보호했기 때문이다. 이렇게 주민

경기도 가평 축령산 잣나무 인공조림지 전경

들이 잣나무 숲을 보호하기 때문에 임도출입 열쇠도 마을대표가 하나 가지고 있을 정도이다.[7]

지속적으로 보호와 관리가 되었기 때문에 60년이 넘은 잣나무숲은 임목축적이 $300m^3/ha$가 넘을 정도이고 나무높이도 25m, 굵기도 40cm 이상 되는 것이 많다. 잣나무숲 전체를 보면 $120m^3/ha$ 이상의 임목축적을 보이고 나무들 나이도 20년에서 80년까지로 다양하게 나타난다. 이렇게 마을 주민과 경기도 산림공무원이 이룬 잣나무숲은 대표적인 잣나무 조림 성공지로, 앞으로도 유지·관리가 되어야 할 가치가 큰 숲이다.

02

사방사업
성공지

영일지구 사방사업지

우리나라의 대표적인 사방사업 성공지로는 경상북도 영일지구 사방사업지^{현 포항시 일원}를 들 수 있다. 영일지구 사방사업지는 한국의 동남부 해안에 위치한 영일군 의창면 외 7개 면, 월성군 강동면 및 안강읍, 포항시, 장량동 외 8개 동에 걸쳐 분포한다. 이 지역의 임상은 1800년대 일본 등 외국의 침입으로 인한 산림자원 쟁탈전과 1900년대 일본의 전쟁물자 조달, 6·25전쟁 등으로 인하여 파괴되기 시작하였다.

영일지구는 모암층이 이암과 혈암층으로 일단 황폐되면 복구가 어렵다. 우리나라에서 사방사업이 시작된 1907년 이래 이 지구에 무려 50여 회에 걸쳐 소규모의 사방사업을 시행한 바 있으나, 복구에 성공하지 못하고 오랫동안 방치되어 왔다. 산림 황폐로 인한 토사 유출은 하천들의 하상 상승, 영일만의 퇴적

매몰의 원인이 되었을 뿐만 아니라, 하천 유역에 분포하는 농경지에도 막대한 피해를 입혀 왔다.

영일지구는 국제항공로의 관문으로서도 중요한 위치에 있어, 이 지역의 황폐한 모습은 비행기에서 보는 우리나라의 첫 모습을 부정적으로 만들어왔다. 이에 1971년 9월 대통령은 영일군 우수 새마을을 시찰할 때 국제항공로의 관문인 영일지구 집단 황폐지를 복구하라는 지시를 내렸다. 이에 따라 1971년 11월에서 1972년 2월까지 산림청과 경상북도에서는 영일지구 산림복구계획을 1차 수립하는 한편 1972년 3월부터 중앙임업시험장에서는 과거 일제강점기부터 이 지역에서 실시되었던 사방사업들의 실패요인들을 조사·분석하였다. 그리고 영일군 의창읍 대운동에서는 이암층지대의 식생피복을 위하여 각종

이암(泥岩)

미사와 점토 등 세립질의 무기질 및 퇴적물로 된 퇴적암을 가리키며, 주성분은 점토광물 이외에 석영, 장석, 운모, 방해석, 백운석 등과 기타 생물작용에 의한 유기물 등이 포함되어 있다. 변성작용을 받으면 점판암(粘板岩)이 된다.

혈암층(頁岩層)

점토와 미사의 세립질 물질로 구성된 지구상에서 가장 흔한 퇴적암이며, 층리가 발달되어 성층면을 따라 쪼개지는 성질이 있다. 붉은색, 갈색, 검은색, 회색 등 여러 가지 색상이 있다.

시험연구를 실시하였다. 그리고 객토량 시험, 임지비배 시험, 등고선 구조공 시험, 비료목 식재밀도, 식혈크기 및 파종시험 결과를 사업에 이용하였다.

1973년 5월에는 "영일지구 황폐지 복구를 위하여 새로운 기구를 설치해서라도 2~3년 안에 완전 복구하도록 최선을 다하라"는 대통령 지시에 따라 영일 2곳에 사방사업소를 신설하고, 38명의 정규직 및 기술지도 직원을 배치하여 지구별 책임제로 추진하였다. 또한 1973년에서 1977년까지 4,538ha의 복구계획

객토량(客土)
토질을 개량하기 위하여 다른 곳의 좋은 흙을 파 옮기는 흙의 양

임지비배(林地肥培)
임목 생장 증가를 목적으로 비료를 숲에 주는 것으로, 일반적으로 고형 복합비료를 이용하는데 석회를 살포하기도 한다.

식재밀도(植栽密度)
ha당 식재본수로, 조림목적이나 수종, 입지조건에 따라 다양하다. 우리나라는 ha당 3천 본에서 5천 본을 일반적으로 조림하며, 속성수인 포플러는 1,500본 정도를 식재한다. 일반적으로 활엽수는 침엽수보다 많이 심는다.

식혈(植穴)**크기**
나무를 심기 위해서 파는 구덩이의 크기

파종시험(播種試驗)
종자를 숲에 직접 뿌려서 다음 세대 숲을 만드는 시험으로 소나무, 참나무 등의 종자가 주로 이용되고 자작나무가 이용되기도 한다.

일반사방	나지(裸地) 사방	특수사방	계
3,291ha(72%)	768ha(17%)	479ha(11%)	4,538ha

표 7 영일지구 사방사업지 사업구분   자료: 국가기록원 사방사업 성공사례

을 수립하였다.

이 지역은 이암층이라는 특수지질을 감안, 특수 골파기와 다량의 비토를 사용하는 개량공법을 적용했다. 또 우량한 종자와 묘목을 식재함과 아울러 관목을 대량으로 이식하여 조기녹화를 시도하였다. 특히 1975년부터는 유속 감소와 침식 방지를 위하여 낙차공을 증설하고 식재 구덩이를 넓게 하여 객토량을 증가시켰다. 이와 함께 사방지 주변 미립목지 및 산생지에는 입지발달에 맞는 수종을 식재하였다. 또한 산비탈의 밭흙과 풀을 혼합한 비료흙을 생산하여 파종과 묘목식재에 부식질을 공급하여 묘목 활착은 물론 수분 보지력을 증가시켰다. 아울러 사방지 부근의 마을양묘를 권장하여 주민의 소득증대를 추진하였다.[8]

1973년부터 1977년에 이르기까지 5년간에 걸쳐 이 지역 황폐지 4,538ha에 대하여 총 사업비 38억 원에 연간 인원 360만 명이 투입되었다. 이 중 21만 명 이상이 특수인부이며, 석공이 4만 7천 명으로 전문인력이 많이 투입되었음을 알 수 있다. 소요된 물자는 2,200만 매의 잔디, 230만 개의 돌, 210만 톤의 객토, 2,400만 본의 묘목 그리고 101톤의 아까시나무, 참싸리, 초본류 종자로, 이를 사용하여 황폐지를 복구하였다. 황폐지 복

구 4,538ha는 일반사방, 나지사방, 특수사방으로 실시되었는데, 이 중 특수사방지는 11%를 차지한 479ha였다.[9]

영일지구는 우리나라 치산치수 사업 중 규모에 있어서 단일 구역으로는 가장 큰 사업지였다. 5년이라는 장기적 계획으로 그 마무리를 성공적으로 마쳤다. 국제항공로 관문의 녹화, 토사 유출 방지로 국토보전에 기여, 포항 공업지역 황폐 예방과 수원 함양, 주민의 농외소득 향상 등 다양한 효과를 보았다.

전라북도 익산지구 사방사업

익산지구 사방사업은 전북 익산 미륵면 지구에 실시된 사방사업이다. 이곳은 익산군 금마면, 삼기면, 낭산면에 위치하며 황폐 임야면적은 40ha이다. 대상지역은 미륵사지 바로 뒷산으로, 이 산을 중심으로 백제문화 사적지가 많이 있으며 북으로는 황산벌, 남으로는 멀리 호남평야가 있다. 모암은 양질의 화강암이 다량 매장되어 석산을 개발하였고, 군부대의 포사격 훈련장으로 산은 폐허 상태로 변하고 말았다.

전라북도 사적지 및 문화재 보수와 발굴복원을 위하여 가장 시급한 것이 황폐된 미륵산의 복구였다. 전라북도에서는 1975 년도에 특수시책하에 미륵산 조경화 복구 사방사업계획을 수립하여 산지사방 40ha와 야계사방 1km를 실시 복구함과 아울러 이 일대를 풍치보안림으로 지정하고 토석채취는 물론 군 사격을 금지시켰다.

또한 현지에서 석재를 쉽게 조달할 수 있는 점을 감안하여 우량석재를 조경용으로 쌓았다. 지하수가 유출된 개소에는 암거暗渠를, 지하부에는 석수로공을 설치하고 급경사지와 사면에는 싸리묘와 새심기를 조밀하게 혼식하였다. 비닐하우스를 이용한 싸리종자 포트묘와 오리나무, 리기다소나무 묘목을 포트 제작하여 대형 식혈植穴 후 비토를 주입한 식재 등 특수공법으로 암석지를 녹화하였다. 시공지가 대부분 토석채취의 적지일 뿐 아니라 포탄투하로 인하여 90°에 가까운 암석지가 형성되었기에 석공에 의한 작업이 불가피하였다. 대상지 40ha 중 36ha가 특수사방 사업지일 정도로 대부분의 면적이 작업하기 힘든 지역이었고, 석재 660m³, 묘목 40만 본이 소요되고 연인원 4만 명 이상이 투입되었다.[10]

백제문화권은 이렇게 산부터 복구되었으며, 사적과 문화재는 차츰 보수, 발굴, 복원되었다. 1984년에 정부는 이 지역을 백제문화사적지로 지정하였으며, 학계에서는 미륵사지를 발굴하여 신라 황룡사지와 쌍벽을 이루는 대사찰로 복원하는 계획이 수립되고 있다. 이 지역의 황폐지 복구는 사업규모면에서는 그다지 크지 않으나, 백제 사적지 및 문화재 보호지 주변을 정화한 점, 시공 면에서 대부분이 암석지인 악조건인데도 포트묘 식재의 새로운 공법을 개발한 점 등에 그 의미가 있다.[11]

03

기업 조림
성공지

SK임업 조림지

산림경영전문회사인 ㈜SK임업은 최종현 전 SK 그룹 회장이 산림의 중요성을 알리고 산림자원을 산업화하려는 의지로 1972년 11월에 설립하였다. 그가 조림사업에 나선 것은 평소 "나라를 사랑하는 사람이 나무를 심는다"며 산림녹화의 중요성을 강조해온 것과 무관하지 않다. 그는 우리나라 산림이 묘지로 뒤덮여 황폐화하는 것을 안타까워하다 직접 화장을 실천하고, 화장시설을 조성해 사회에 기부하라는 유지를 남기기도 했다. ㈜SK임업은 대단위 조림사업과 임업의 기업화를 위해 30년 이상 노력하여 조림유공표창, 국민포장, 석탄산업훈장 등을 수상하였다.

1970년대에는 경제성보다는 치산 녹화를 위한 속성수, 침엽수를 조림하였지만, ㈜SK임업은 우선 조림수종은 경제성을 고려하여 선정하였으며, 목재 공급, 소득자원 개발, 공익적 기능 확대 등을 함께 고려하여 특수 활엽수 조림, 유실수 단지화를 추진하였다. 조림대상지의 땅을 구입할 때도 땅값이 빨리 오를 교통 편리지역이나 도시 주변의 땅을 고르지 않고, 주민들의 이용으로 임목축적이 낮은 산간벽지 지역의 땅을 한 단지에 500ha 이상이 되도록 연차적으로 확보하였다. 조림사업 초기에 경영진이 돈이 되는 서울 주변 임야에 조림을 하자고 건의했으나, 조림이 아니라 땅 장사를 하려느냐며 충북 영동, 충주 인등산과 천안 광덕산 등 산골 오지의 임야만 골라 사들여 나무를 심었다.

이렇게 30년 이상을 조림한 결과 충북 충주시 산척면 지역에 1,179ha, 충남 천안시 광덕면 지역에 497ha, 충북 영동군 지역 2,363ha 등 총 4,039ha에 가래나무, 자작나무, 호두나무 등을 집중적으로 심어 울창한 유실수림이 이루어졌다. 천안지역에 조림된 호두나무 단지는 225ha로 동양에서 가장 커다란 호두 유실수 단지가 되었고, 충주지역의 가래나무, 자작나무단지는 임목축적이 ha당 100m³가 넘는 울창한 숲이 되었다. 특

임목축적(林木蓄積)

숲에서 생육하는 나무의 재적을 합한 양으로, ha당 축적을 많이 사용한다. 우리나라의 평균 임목축적은 ha당 109㎥이다.

용활엽수와 유실수가 차지하는 면적은 2천ha에 달하며 470만 본이 식재되었다.[12]

고故 최종현 SK그룹 회장은 조림사업 5가지 원칙으로 사업을 추진하였다. 5가지 원칙은 다음과 같다.

① 수도권은 분명 개발될 것이므로 조림사업이 제대로 될 수 없다. 황무지 산간 오지를 선택해라.

② 조림도 공장을 운영하듯 과학적이고 체계적으로 해야 한다. 나무 심는 사람들도 공장을 와서 보고 방안을 찾아라.

③ 전체 수림 중에서 표준목을 선정하고, 주변 나무가 왜 크지 못하는지 원인을 파악해야 하며, 대책을 세워 나무를 키워라.

④ 각 나무에 명찰을 달고 수족부를 작성하여 언제 시비를 했는지, 그래서 얼마나 성장했는지 등을 세밀히 관찰해라.

⑤ 나무도 사람 키우는 것과 같다. 잘 먹이고, 보살펴야 잘 클 수 있게 된다. 사람 키우듯 나무를 키워라.[13]

㈜SK임업은 이와 같은 원칙으로 조림사업을 실천하였기 때문에 1989년 기업의 부동산 과다보유 규제 시 1,006ha에 달하는 조림지를 매각하지 않고 전국 임학과 중 자체 소유 실습림이 없는 충남대학교에 연습림으로 기증하기로 결정하여 임업

위 충청북도 충주 조림지의 가래나무숲 / 아래 같은 지역의 자작나무숲

분야의 연구와 지역사회 발전에 기여하였다.

또한 ㈜SK임업은 새로운 경영기법을 도입하여 산림사업의 기업화를 선도하였다. 이를 위해 고유임상, 토양조사, 적정 수종 선정, 우량종자 확보 및 양묘, 무육을 고려한 식재, 지속적인 관리시스템, 중단기 소득원 개발사업 등을 도입하여 실행하였다. 임상 및 토양을 조사하여 1급지에는 호두나무, 흑호두나무, 은행나무, 느티나무, 가래나무 등, 2급지에는 루브라참나무, 스트로브잣나무, 가문비나무 등, 3급지에는 자작나무 등을 식재하였다. 식재본수도 수종과 입지조건에 맞추어 조정하였다. 유실수인 호두나무는 구덩이를 깊고 넓게 파고 유기질 비료를 시비한 후 식재하였다. 중단기 산림소득원 개발로는 자작나무수액, 조경수 느티나무, 자작나무, 스트로브잣나무를 대상으로 하였다. 이러한 경영계획에 맞추어 자작나무수액의 채취방법, 성분, 이용사례 등을 종합적으로 분석하여 1999년에 식품의약품안전청의 자작나무수액 식품원료 사용인증을 받아 자작나무수액을 상품화하여 '이로수'라는 브랜드로 국내 유명 백화점 중심으로 판매하고 있다. 또한 2007년부터 서울대 연구진과 진행한 공동연구를 통해 자작나무수액에 뇌 기억능력을 향상시키는 기능이 있음을 밝혀낸 바 있다. 이외에도 표고자목 생산, 조경사업을 병행하여 조림목을 조경수로 활용하여 소득을 높이고 있다.[14]

㈜SK임업이 조림한 면적은 4천ha로, 이 중 절반이 활엽수

위주의 기업림이며 산림경영을 위해 수종선정, 조림, 사후관리 및 중·단기소득 개발이 실시되었다. 특히 조림지를 대도시에서 멀리 떨어진 곳에 선정하여 도시개발에 따른 피해가 없이 숲이 계속 유지되도록 한 우리나라의 대표적인 기업조림 성공지이다.

강진 초당림

초당림은 전남 강진군 칠량면 명주리에서 장흥 관산읍 부평리와 성산리 일대에 자리 잡고 있다. 숲의 면적이 1천ha에 달하며 대부분 인공림이다. 이는 독립가^{모범} ^{임업인}인 김기운 백제약품 대표 회장이 45년간 만들어낸 결과다. 김기운 회장은 전쟁의 참화로 헐벗게 된 대한민국의 산야를 녹색으로 바꾼 한 1세대 독림가 중의 한 명이다. 그는 어릴 때 매일 10리가 넘는 산길을 걸어 학교에 다닐 때 맡았던 달콤한 산 내음을 마음속에 늘 간직하고 있었다. 특히 아름답던 산이 날이 갈수록 황폐해져 민둥산이 볼품사납게 늘어만 갈 때인 1967년에 우연한 기회로 사회활동을 시작했고, 이를 계기로 한 사람의 국민으로서, 한 사람의 사업가로서 국가를 위해 무엇인가 해야겠다는 생각에 국토 녹화사업인 조림사업에 참여했다고 한다.

 김기운 회장은 우선 사업 기반이 있는 목포와 1시간 거리이며 주변에 마을이 있고, 대단위 조림 시 인력동원이 용이한 점을 고려하여 강진지역을 대상지로 선정하였다. 그리고 1968년

강진 칠량면 명주리 일대 산 621ha를 매입하고 독립가의 길에 들어섰는데, 매입한 땅의 많은 부분에는 조림을 하기에 적합하지 않은 자갈이나 돌이 많았다.

그리고 조림사업에 나온 주민들도 경험이 없는 사람들이라 초반부터 어려움에 봉착하였다. 조림을 하기 위해 돌을 캐내고 그 자리에 구덩이를 파고 흙을 메운 뒤 식재를 하였다. 이렇게 작업을 하다 보니 한 사람이 하루에 100그루도 심기 힘들 정도여서 계획보다 많은 시간과 비용이 들었다. 이에 주위 사람들이 쓸데없는 일을 한다고 비난해도 김기운 회장은 지속적으로 조림사업을 추진하였다. 하루에 600명이 동원된 조림사업장의 당시 하루 일당은 15원 정도로, 일자리가 많지 않던 당시에는 좋은 일자리로 여겨져 많은 사람들이 몰렸다.[15]

초창기인 1969년부터 3년간 삼나무 17ha, 테다소나무 51ha, 리기다소나무 45ha, 리기테다소나무 49ha 등 총 162ha에 48만 3천 본을 식재하였다. 이 수종은 산업용재를 생산할 수 있는 나무로, 초당림에서는 50~100년 후에 목재를 생산할 수 있는 나무들이 심어졌다. 처음 조림을 한 후 가뭄과 혹한으로 활착률이 50% 이하로 떨어져 사업이 성공적이지 못했다. 그 원인은 조림경험이 없는 사람들이 작업을 하여 비료를 흙과 함께 섞어서 식재하여 나무가 죽고, 흙을 제대로 다져주지 않아 겨울에 흙이 들떠서 나무가 말라죽는 등의 피해가 많았다. 또 테다소나무를 북쪽 사면에 심어 한해 피해가 가중되었다. 식재방법, 입지선정상의 실수가 많았다. 이러한 실패에도 불구하고 조림 사업은 지속적으로 추진되었다.

김기운 회장은 나무의 고사나 병해충 피해를 막으려 외국의 전문 서적을 구입해 숲을 관리할 정도로 많은 노력을 기울였다. 특히 효율적으로 나무를 심기 위해 일본 현지를 시찰하고 일본에서 조림에 필요한 기계와 기구를 구입하였다. 그는 식재사업을 지속적으로 추진해서 5년 만에 350만 그루의 나무를 심었다. 또한 임도시설과 관리사를 준공하여 조림단지의 모습이 갖추어졌다. 한편으로는 테다소나무 묘목이 리기다소나무 묘목으로 잘못 들여와 조림되는 일도 벌어졌고, 나무를 한 그루라도 더 심으려는 일념으로 산꼭대기까지 심는 시행착오를 겪기도 하였다.[16]

초당림에서는 1974년 60ha를 시작으로 연간 100ha 이상을 심어 1978년까지 500ha 이상의 면적에 경제수를 심었다. 이렇게 심어진 나무들이 지금은 울창한 숲으로 바뀌어 솎아베기 작업을 실시하고 있다. 임령이 30년이 넘는 백합나무숲은 다른 곳에서는 보기가 힘든데, 초당림에서는 30년 전부터 백합나무를 식재하여 흔히 볼 수 있을 정도이다. 이 백합나무숲은 높이가 25m, 굵기도 40cm가 넘는 나무들이 자라며 임목축적도 300m³/ha가 넘는 울창한 숲으로 성장하였다.

위 전라남도 강진군 초당림의 편백 / **아래** 같은 지역의 백합나무

대표적인 조림수종은 편백, 삼나무, 테다소나무, 백합나무 등
이고, 임도 37km 그리고 교육과 견학을 위한 연수원이 있다.
김기운 회장은 조림사업에 대한 풍부한 지식이 없는 상태에서
오로지 푸른 산을 가꾸겠다는 꿈 하나만으로 시작하였다. 그는
만약에 이 조림사업에 엄청난 자금과 노력을 기울여야 한다는
것을 미리 알았더라면 아마 조림사업에 손을 대지 못했을지도
모른다고 하였다. 그러나 초당림과 같은 대면적 인공림 단지는
푸른 산을 가꾸겠다는 용기와 꿈이 필요하였고, 이러한 신념은
김 회장이 설립한 학교법인 초당학원의 설립훈인 "나무를 키우
는 마음으로, 사람을 키운다"에서 엿볼 수 있다.[17]

초당림에는 2008년까지 총 506만 주의 나무가 식재되었다.
이렇게 장기간 숲을 조성하고 관리한 공로로 김기운 회장은
2007년 산림청의 녹색대상을 받았다. 강진 초당림은 1960년대
중반부터 40년 이상 개인이 조림해서 숲을 만들고 관리를 해온
모범적인 숲이며, 경영을 위한 다양한 수종과 시설을 구비한 숲
으로서 호남지역의 대표적인 조림 성공지로 여겨진다.

04

독림가 조림
성공지

조림왕 임종국 선생의 장성 편백림

장성 편백림은 전남 장성군 서삼면 모암리 지역의 258ha에 분포된 편백·삼나무숲으로, 전북 순창 출신인 임종국 선생이 조림한 대표적인 편백숲으로 알려져 있다. 임종국 선생은 전북 순창 출신으로 25세 때인 1940년 전남 장성군 장재마을로 이주하였다. 양잠과 특용작물을 재배하던 중에 우연히 장성군 덕진리의 인촌 김성수 선생 소유 야산에서 쭉쭉 뻗어 자라는 삼나무와 편백나무를 보고 우리나라에서도 이런 나무가 살 수 있다는 것을 알게 된 것은 6·25전쟁이 끝난 지 얼마 지나지 않은 1955년이었다고 한다. 임종국 선생은 이 해에 토지 40여ha를 구입하고, 이 중 1ha에 삼나무 5천 주를 시험 조성하여 성공하자, 용기와 자신감을 더욱 얻어 장성군 북일면 문암리, 서삼면 모암리, 북하면 월성리 일대 등 총 569ha에

250만 주 이상의 나무를 1956년에서 1976년까지 21년에 걸쳐 심었다. 이 기간 동안 심은 나무는 삼나무 127ha, 편백 188ha, 밤나무 80ha, 리기다소나무 49ha 등으로, 편백을 가장 많이 심었으며 다음으로 삼나무를 많이 심었다. 삼나무와 편백은 북하면 월성지구와 서삼면 모암지구에 대단위로 조림되었다.[18]

임종국 선생은 조림을 성공하기 위해서는 반드시 적지 조림을 엄격히 해야 한다고 하며, 본인이 이제까지 실시한 그 많은 조림을 모두 성공한 것이 바로 적지적수 조림을 잘한 까닭이라고 한다. 특히 삼나무, 편백은 다른 수종보다 땅을 더 가리는 수종으로 이 두 수종의 토양에 대한 특성을 양묘하는 데서부터 체험하였기 때문에 조림에는 실패가 없었다는 것이다. 수십 정보 이상 집단조림을 하려면 부분마다 알맞은 수종을 심기 위해 적어도 3~4종의 수종을 써야 한다는 것이다. 이외에도 1ha에 3천 그루씩 심지 않고 5천 그루씩 조밀하게 심었고, 실제에 있어 구덩이를 잘 파서 죽지 않게 잘 심으려면 1인이 1일에 150그루 이상은 무리라고 하였다. 임종국 선생의 조림지에서는 조림 후 3년간은 1년에 두 차례의 풀베기 작업과 별도로 2~3회씩의 넝쿨 제거작업이 실시되었고, 비료도 빠뜨리지 않고 주었다.

먹을거리도 제대로 없던 시절, 대단위 조림사업에 엄청난 투자를 감행한 것에 주위 사람들이 조롱하기도 했으나, 그는 아랑곳하지 않았다. 양잠과 묘목업으로 큰돈을 번 그는 빚을 지는 어

위 전라남도 장성군 편백림 / **아래** 같은 지역의 숲길

려움을 안고 조림을 계속했다. 매년 많은 인력을 동원하여 조림과 숲 가꾸기 작업을 계속하는 한편, 숲 관리인을 배치하고 임도를 개설하다 보니 막대한 자금이 소요되었다. 은행이나 농협에서 융자를 얻기도 쉽지 않아 사채를 이용하다 보니 그 당시에는 보기 드문 광주의 2층 양옥과 장성의 한옥을 처분할 정도였다.

1968년 대가뭄 때는 온 가족을 동원해 비탈길을 오르내리며 한 그루의 나무라도 살리기 위해 혼신의 힘을 기울였다. 설상가상으로 홍수에 묘포장이 소실되는가 하면 가뭄과 태풍으로 큰 피해를 입기도 하였다. 특히 1968년과 1969년에는 계속된 극심한 가뭄으로 타죽어가는 나무를 살려야 한다는 애절함에 억장이 무너지는 아픔도 겪어야 했다. 그때는 가뭄이 하도 극심하여 밭작물을 포기해야 할 상황이었고, 산에 심었던 나무도 말라죽기 시작했다. 임종국 선생은 물지게를 지고 산을 오르내렸다. 물을 길을 수 있는 냇가와 거리도 멀 뿐 아니라 물지게를 지고 산으로 올라간다는 것은 정말 어려운 일이었으나 물지게를 진 발걸음을 멈추지 않았다. 가족들도 당연히 돕고 나섰고 이어서 마을 주민들도 도와 물을 주었다고 한다. 또한 인근 주민들이 야간에 횃불을 들고 나와 도와주기도 했다는 일화가 있을 정도로, 그는 조림한 나무를 살리기 위해 전력을 다하였다.

해를 거듭할수록 조림면적도 엄청나게 늘어났고, 조림사업은 76년까지 계속되어 21년 동안 헐벗은 산을 울창한 숲으로

가꾸었다. 임종국 선생은 이러한 노력을 인정받아 1972년에는 5·16 민족상을 받았다.[19]

그의 조림사업은 가뭄·수해·돈 문제 등으로 몇 차례 위기를 맞기도 했으나 우직할 정도의 끈기와 검소한 생활로 위기를 잘 넘길 수 있었다. 목재의 상품가치가 높았던 1970년대 말 나무를 팔라는 상인들의 유혹을 뿌리치고 숲을 유지하였으나, 마지막 위기를 극복하지 못하고 결국 그 소유의 산과 임야들은 1979년 채권자에게 넘어가게 되었다. 1980년엔 임종국 선생도 뇌졸중으로 쓰러져 7년간을 투병하다 세상을 하직했다. '한국의 조림왕'은 그렇게 쓸쓸히 가면서도 "나무를 더 심어야 한다. 나무를 심는 게 나라사랑하는 길이다"라는 유언을 남겼다.[20]

"아버지가 일군 숲은 축령산 80만 평 외에도 북하면 월성리 숲을 포함해 모두 240만 평에 달하며 아버지는 숲을 가꿔놓으면 나라의 재산이 된다는 말을 입버릇처럼 하셨다"고 광주에서 조경업을 하는 셋째 아들 임관택 씨가 회고하는 것처럼, 선생은 숲을 개인 소유가 아닌 모두를 위한 숲으로 생각했다. 임종국 선생의 피땀 어린 노력과는 달리 안타깝게도 계속된 투자에도 장기간 소득이 발생하지 않는 임업의 특성상, 재정적인 문제로 온힘을 기울여 가꾸어온 편백숲은 그 소유권이 다른 사람에게 넘어가, 심은 나무를 가꾸어야 할 시기에 방치되어 나무가 제대로 성장하지 못하고 넘어지거나 굵게 자라지 못하는 등 불량림으로 전락할 위기에 처해 있었다. 뿐만 아니라 소유권을 이어받은 다른 사람들이 간벌작업으로 소득을 올리고, 전면적 벌채계획까지 가지고 있어 자칫 편백숲이 사라질 위기에 놓이게 되었다. 그러던 중 2000년 11월에는 산림청과 민간단체인 생명의 숲 국민운동본부, 그리고 유한킴벌리에서 공동으로 주최한 제1회 아름다운 숲 전국대회에서 이곳 서삼면 모암리 일대 조림 성공지가 '22세기를 위하여 보존해야 할 아름다운 숲'으로 선정되었다.

그러나 숲이 부분적으로 과밀하여 상태가 좋지 않았고 벌채계획까지 있어 훌륭한 숲이 사라질 위기에 처해 있었다. 숲을 유지하기 위해서는 국가의 관리가 필요함을 인식한 산림청은 고인의 숭고한 뜻을 받들고자 소유주들을 수차례에 걸쳐 설득한 끝에 2002년 장성 편백숲을 국가에서 사들이게 되었다. 이후 원활한 산림관리를 위하여 18km의 임도를 내고 조림, 가지치기 등 매년 숲 가꾸기 사업을 실시하여, 편백숲은 천연림이 75ha[27%], 인공림 204ha[73%]이며, ha당 평균축적은 266m^{3}이고 일부는 최대 650m^{3}이나 되는 빼어난 임상을 보이며, 선생이 심을 때 묘목이던 나무들은 평균 수고樹高 18m를 자랑하고 있다.[21]

편백숲은 숲 가꾸기를 통해 산림이 제 기능을 발휘하고 그 아름다움이 알려지기 시작하면서 영화촬영장소와 학계, 산림공무원의 학술연구와 견학지로 자리매김하고 있으며, 산림휴양,

삼림욕 등을 위한 이용객은 물론 청소년의 자연체험 및 학습장
소로도 각광받고 있다. 또한 외국의 산림공무원, 전문가 등도
감동과 찬사를 아끼지 않는 명품 숲이 되었다. 2010년에는 편
백숲이 지닌 보건 의학적 치유기능을 통해 국민의 건강 증진과
질병 예방을 위하여 치유의 숲으로의 변화를 시작하였다. 치유
의 숲에는 하늘숲길, 산소숲길, 숲내음숲길, 건강숲길 등이 있
으며 숲길 곳곳에는 명상쉼터와 통나무의자, 야외데크 등이 설
치되어 있어 탐방객들이 이 숲에 들어와 피톤치드phytoncide를 온
몸으로 받아들여 산림욕을 하고 간다.

임종국 선생의 이름은 한자로 林種國으로, 숲林과 씨種와 나라國
가 이름 석 자에 모두 들어 있는데, 뜻을 풀어보면 '나라를 위한
숲의 씨앗'이다. 이 이름대로 숲을 위해 살다간 것처럼 여겨진
다. 임종국 선생은 타계 후에도 산과 함께했다. 1987년 전북 순
창군 선영에 안장되었으나 2005년 축령산 중턱 편백나무 숲 한
가운데 느티나무 밑에 수목장으로 안치되어 한 줌의 흙으로 돌

피톤치드(phytoncide)
식물을 의미하는 피톤(phton)과 살균을 의미하는 치드(cide)가 합성된 말
로, 숲속의 식물들이 병원균, 해충, 곰팡이 따위에 저항하려고 분비하는 모
든 물질을 통틀어 지칭한다.

아갔다. 그리고 세상을 떠나서도 나무를 기르는 한 줌 흙으로 다시 태어났다. 산림청은 지난 2001년 그의 공로를 기려 국립수목원 내 '숲의 명예전당'에 업적을 새겨 그를 헌정하였다.

장성 편백숲은 우리나라 최대의 편백·삼나무 조림 성공지로 울창한 숲을 이루고 있으며, 사람들이 가장 많이 찾는 치유의 숲으로 바뀌었다. 이러한 숲이 이루어질 수 있었던 것은 임종국 선생의 불굴의 나무심기 정신과 숲 가꾸기 덕분이다.

이규현 선생의 양평 갈대봉 분수림

이규현 선생은 1935년 강원도 홍천군 북방면 산촌 마을에서 출생하였다. 그는 자작농으로서 제2차 세계대전 말엽 목상을 하셨던 부친의 영향을 많이 받았다. 선생은 일제강점기에 우마차 30~40대를 거느린 목상木商인 부친을 따라 산에 가서 아름드리 나무들이 베어져 나가는 것을 보고, 아버지는 나무를 베는 사람이지만, 나는 나중에 나무를 심는 사람이 되어야겠다는 생각을 했다고 한다.

해방 직후의 사회혼란과 6·25전쟁으로 고향 산천은 그 피해가 막심하였다. 그리고 선생은 6·25전쟁으로 아버지와 다섯 형제, 가산家産까지 모두 잃고 고아가 되어 어려움을 겪었다. 6·25 피란 중에 아버지가 돌아가신 장소가 바로 아버지가 아름드리 나무를 베던 그 산이었다. 그래서 큰 나무에는 기氣가 있어서 사람이 나무를 해치면, 나무도 사람을 해친다는 것과 말 못하는 나무지만 조심하고 소중히 다루어야 한다는 것을 알았 다고 한다.[22]

6·25전쟁으로 고아가 되어 4년 늦게 고등학교를 다니던 중, 어느 날 소나무숲으로 소풍을 간 선생은 그 아름다움에 매료돼 나무 심는 일에 나서겠다고 작정했다. 그러나 사회생활의 시작 은 도청, 병무청 등의 공무원으로 시작하였다. 고교 졸업 후 첫 직장으로 강원도 도청 산림과에 들어가 새마을운동이던 '지산 녹화'地山綠化 사업을 담당하였는데, 나무를 베면 처벌을 받는 당 시 상황에서 처벌받은 읍·면장이 부지기수라 이 일이 나무를 지키는 일이 아니라 사람 목을 자르는 일로 보여 부서를 상공 과 광무石炭. 무연탄 담당으로 옮겼다. 그러나 석탄을 캐는 데 필 요한 갱목용으로 나무들이 마구 베어지는 것을 본 후, 마음이 아파 결국 사표를 내고 이듬해 총무처 공무원 시험에 응시, 병 무청에서 인력 행정을 맡게 되었다.

경기도 지방병무청에서 근무할 때, 주변에 농임업센터가 있 어서 선생은 이곳에서 임업에 대한 지식을 습득하면서 조림계 획을 준비하였는데, 이 시기는 제1차 치산녹화 10개년 계획이 발표되어 분수조림을 장려할 때였다.

이규현 선생은 전국에 있는 병무직원 1인당 일만 주 심기운 동을 벌여야겠다고 결심했기에, 산림청과 임업 관계기관을 수시로 방문하여 산림청에서 숲을 조성하면 수확 시 이익을 받을 수 있다는 동의를 받아 조림에 관한 제안 설명서를 작성했다. 1974년 12월에 제안 설명 끝에 마침내 조림을 하자는 대원칙에는 만장일치로 합의를 보았으나, 임업 관계기관의 종합보고에서 불가능한 것으로 결정되어 전국적인 나무심기 사업은 좌절되었다. 하지만 선생은 이에 굴하지 않고 1970년대 중반부터 본격적인 조림사업을 시작하였다.[23]

이규현 선생은 1975년도에 강원도 춘성군현 춘천시의 사유림 8ha를 친구와 같이 구입하여 낙엽송 8천 주를 조림하고, 1976년도에는 강원도 홍천군 북방면에 있는 사유림 3정보를 구입해서 낙엽송 8,600 주를 조림하였다. 그는 이러한 2년 동안의 조림경험을 바탕으로 1977년도에 춘천고등학교 동창들에게 조림계획을 설명하고 협업을 요청하였다. 이에 30여 명의 동기생들이 동의하였고 1978년 3월에는 양평군청과 협의하여 임지 40만 평을 내정하고 전문가의 자문을 받아 협업조림을 시작하였는데, 그 위치는 양평군 옥천군 신북리의 산지였다.

조림회 명칭은 강일회라 칭하였으며, 투자금액은 한 구좌당

분수조림(分收造林)
계약의 대상이 되는 산림에서 나온 수익을 일정 비율로 분수하는 것으로, 식재시점을 기준으로 하여 계약이 이루어지는 제도이다.

십만 원, 최대 10구좌로 하고, 영림계획을 수립하며 조림을 시
작하였다.[24] 양평 조림지가 양평역에서 1시간 반을 넘게 걸어
서야 도착을 할 수 있는 거리였기에, 선생은 원활한 조림사업
을 위해서 조림지 근처에 지어놓은 움막에서 기거하며 조림을
하였다. 움막에는 조림인부들도 같이 기거하였는데, 이들을 위
한 양식을 운반하는 것도 큰 일 중의 하나였으며 묘목을 조림지
까지 옮기는 것도 쉬운 일은 아니었다. 선생은 인부들의 양식
을 운반하다 시간이 늦어지고 비가 오는 바람에 밤새도록 고생
한 끝에 새벽에 움막에 도착하는 등의 난관을 헤쳐 가며 조림을
하였다.[25]

5개년 계획으로 조림계획을 수립하여 총 30만 주의 조림계
획을 수립하였으나, 회비 납입의 지연과 오일파동 등 경제침체
기가 있어 계획보다 6만 4천 주가 부족한 23만 6천 주를 1983
년까지 조림하였다. 주요 조림수종들은 장기수로 잣나무, 낙엽
송, 은행나무, 현사시, 포플라 등이 있는데, 나무를 심은 지 20
년이 지나 솎아베기를 할 시기에 도달하였다. 지금까지 심은 나
무는 47만 주가 넘으며, 가로수 길이 5m 간격로 따지면 서울에서
부산을 2번 왕복하고 한 번 더 늘어놓을 수 있을 정도이다.

이렇게 조림을 하고 숲을 관리한 일들이 국가의 인정을 받아
선생은 1979년 조림왕, 1986년 모범독립가로 인정받았다.[26] 이
규현 선생은 1988년 병무청을 명예퇴직하고는 아예 산중에 들

어와 생활을 하였는데, 이는 가슴으로 나오는 조림과 육림에 대한 이룸이 다 채워지지 않았기 때문이라고 한다. 대보산에서 24시간을 나무와 벗하고 살며, 전기도 물도 들어오지 않는 그의 움막엔 멧돼지들이 내려와 앞마당을 헤쳐 놓을 정도였다. 선생은 나무를 심는 일은 꿈을 심고 기다리는 것이며, 나를 위한 일이 아니라 우리 다음 세대를 위한 선물이라고 여기고 있다.

이규현 선생은 공무원 생활을 마감하고 조림사업을 위해 산으로 들어가신 분으로서, 개인 땅이 아닌 국유림을 빌려 조림을 하는 분수림 방식으로 성공을 거둔 대표적인 분이다. 그의 숲 사랑이 얼마나 큰가는 그동안 숲을 조성하고 관리를 해온 것 외에도 애림가愛林歌를 만들어 숲사랑 의식을 전파한 것에서 알 수 있다.

독립가 이용환 선생의 가평 소법리 잣나무숲

독립가 이용환 선생은 1924년 9월 출생하여 60여 년 이상을 경

분수림(分收林)

산림으로부터 얻는 수익의 분배를 목적으로 산림 소유자(국가 또는 개인)와 사업자 간에 계약을 체결하여 사업자가 조림을 실시하고 숲 가꾸기를 실시하는 숲으로, 우리나라에서는 대부분 국유림에서 실시한다. 숲 소유주는 땅을 제공하고 사업자는 물품과 작업(인력)을 제공하여 수확을 한 후에 수익금을 계약에 따라 분배한다.

기도 가평군을 지키며 가꾸어온 토박이로, 1961년에 10개월간 북면 면장직을 역임하고 1972년 2월부터 8년 이상 가평군 산림조합장으로 있으면서 가평군 산림조합을 발전시켰다. 이용환 선생의 산은 경기도 가평군 소재지인 가평읍에서 동북쪽으로 14km에 위치한 가평군 북면 소법리로, 총 소유 임야면적은 717ha이며, 그중 인공조림지가 383ha이고 수종별로 구분하면 낙엽송, 잣나무, 리기다소나무를 조림하였다. 지금은 산림부산물로 잣을 100여 가마 이상 수확하며 임업후계자인 두 아들과 함께 숲 가꾸기를 실천하고 있다. 이러한 결과를 이루기 위해서 30여 년 전부터 산야에 대한 애착과 먼 장래 백년대계의 꿈을 품고 조림사업에 뛰어들어 무리하지 않고 연차적으로 7~10ha씩 구획조림을 실시하였다.[27]

이용환 선생은 6·25전쟁 이후 황폐화된 산을 보고 나무를 심기 시작했다고 한다. 6·25전쟁 과정에서 산에서 마구 채취되는 땔감과 화전민으로 인해 산림이 훼손되고 헐벗게 되어 개천의 물이 마르고 땅이 침식되어 황무지가 발생하는 등 자연의 피해가 컸다. 이러할 때, 선생은 1958년부터 산을 구입하고 나무를 심기 시작하였다. 이러한 행동 때문에 주위에서 미친 사람이라는 소리를 들었지만 산에서 이전부터 생활하던 화전민을 설득하여 1974년경에 화전을 완전히 정리하고 정상적으로 조림사업을 실시할 수 있었다.

선생은 1950년대 말부터 헐벗은 산을 푸르게 만들어 보겠다는 일념에서 대대로 이어받은 북면 소법리 임야에 잣나무, 낙엽송, 리기다소나무 등을 한 그루씩 정성스럽게 심기 시작했다. 소법리 임야는 30° 이상의 급한 경사지여서 조림을 할 때 어려운 점이 많았다. 특히 경사가 심하여 묘목을 운반하는 데 차량이나 경운기 등을 이용하지 못하고 수백m씩 지게를 이용하여 조금씩 운반을 하다 보니 묘목이 건조되기도 하였다. 또한 경사가 급해 흙이 많이 흘러내려 구덩이를 파고 주변의 흙을 긁어모아 조림목의 뿌리에 골고루 들어가게 식재를 하는 것도 쉬운 일이 아니었다. 급경사로 인해 거의 모든 일이 힘들었다.

또한 조림인부들이 성의 없게 작업을 하여 선생은 치산녹화의 중요성을 이들에게 주지시키며 작업이 잘될 수 있도록 달래기도 하고 때로는 쫓아내기도 하며 조림사업을 수행하였다. 조림인부들이 대부분 나이가 많아 조림기간이 지연되고, 이로 인하여 조림묘목의 활착이 저하되어 속앓이를 한 경우도 많았다. 또 산림에서 안전사고가 많이 발생하였는데, 선생은 어떤 해는 조림기간 중 발을 헛디뎌 미끄러지면서 온몸에 상처를 입고 피투성이가 되었는가 하면, 어떤 해는 팔이나 발목을 접질려 일을 못하는 경우가 수차례 발생하였다. 그럼에도 불구하고 선생은 오직 산을 푸르고 울창하게 가꾸고 상수원을 보존하여 홍수와 가뭄이 없는 마을을 조성하기 위한 일념으로 조림을 실행하였다. 이러한 이용환 선생의 마음을 주민들도 점차 인식하여, 후반기에는 주민들의 적극적인 참여로 조림을 무사히 마칠 수가 있었다. 또한 30년간 조림을 하면서 주변 사람들에게 애림사상을 강조하고 몸소 실천하였다. 특히 조림사업은 돈을 받으며 나무를 심지만 이 일은 남의 일을 해주는 것이 아니라 내 일을 하는 것과 같다는 사고방식을 주지시켰다.

이렇게 고생을 하며 이용환 선생이 이루어 놓은 조림실적은 잣나무 220ha, 낙엽송 120ha, 리기다소나무 13ha 등 모두 353ha에 이른다. 가평지역에서는 잣나무가 생육조건이 맞아 잘 자라고, 물이 좋고 일교차가 커 맛좋은 잣이 많이 결실되기 때문에 잣나무를 특히 많이 조림하였다. 특히 잣나무의 생육에 지장을 초래하는 덩굴을 32ha나 제거해 잣나무들이 무성하게 성장하도록 유도, 오늘날 호평을 받고 있는 '가평 잣'을 생산하는 데 크게 기여했다. 잣나무는 조림 후 10여 년이 지나면 잣 생산이 가능하기 때문에 1990년대부터 잣을 생산할 수 있었다. 또한 잣나무 인공조림지가 자라면 잣 수확이 늘어나 고소득을 보게 될 것을 기대하고 있다. 참나무활엽수림에서는 참나무를 이용해 표고버섯을 재배하였다. 또한 효율적인 산림사업을 하기 위하여 1985~1986년 2개년에 4km에 달하는 임도를 정부 지원을 받아 개설하고, 산림경영용 4륜차량 1대를 구입하여 하루에 한 번 이상 산에 올라 산과 대화를 나누며 산을 관리하였다.[28]

1976년 가평군 산림조합장으로 취임한 이용환 선생은 조림 및 육림사업을 모범적으로 실시한 공로로 내무부장관상을 받았다. 이후 1980년 산림조합장 임기를 마치고 20ha의 참나무 숲을 수확한 뒤 표고자목으로 활용하고 잣나무를 조림해서 잣 수확에 기여한 공로로 다시 내무부장관상을 수상하였다. 또한 정부지원 1억 원을 받아 120m의 저수지를 축조하여 4개 마을의 논을 수리안전답으로 탈바꿈시켰다. 이어 산림의 공익적 기능 유지 및 효율성을 적극 활용, 타산지석의 귀감이 돼 1987년에 산업훈장도 수상한 바 있다. 이밖에도 1992년부터 1994년까지 4km에 이르는 임도를 내 산불예방에 도움을 주고 주민들에게는 휴식공간을 제공했다. 이와 같이 선생은 수자원 함양, 휴양 기능 등 다양한 기능을 실현하는 숲 관리를 하였다.[29]

거의 하루도 쉴 틈 없이 40여 년간 산과 더불어 인생을 보내 온 이용환 선생은 지금도 가끔 조림지를 찾아 나무 상태를 주의 깊게 살펴보면서 합리적인 산림경영을 위해 꾸준히 노력하며, 임업후계자가 된 아들과 함께 숲을 관리하고 있다. 아버지의 뜻을 이어받아 2대째 숲을 지키는 둘째 아들은 육림에 심혈을 기울이고 있다.

독립가 윤영학 선생의 마산 진동면 편백숲

독립가 윤영학 선생은 고향인 강원도 고성군 개천면에서 초등

학교를 졸업하고 청년기에는 도정공장·버스회사·양조장 등에서 일하였으며, 1968년 진동면에서 삼진제재소를 운영하다가 독립가로서의 삶을 살게 되었다. 선생은 제재소를 하다 보니 우리 국토의 70% 이상이 산지임에도 불구하고 임산물은 모두 외국에서 수입한다는 현실이 안타깝게 느껴져 1974년 정부의 산림녹화 정책과 때를 같이하여 현 경남 창원시 마산 합포구 진동면 태봉리 일대의 임야 2만여 평을 구입, 6만여 그루의 편백나무를 심는 것을 계기로 산림에 대한 애착을 갖게 되었다. 이렇게 조림을 시작한 직접적인 계기는 의창군 산림과장 조정석 씨의 강력한 권유와 조국강산을 후세에 물려줘야 한다는 설득에 대한 공감대 형성이었다.[30]

윤영학 선생이 1974년부터 척박한 산에 편백나무와 삼나무를 심고 가꾸어올 수 있었던 것은 산에 가면 마음이 어느 곳에 있는 것보다 편해졌기 때문이라고 한다. 첫 나무를 심을 야산을 구입하기 위해 부모가 물려준 전답田畓을 처분하였고, 제재소에서 나온 이익금을 몽땅 육림사업에 쏟아 붓느라 살림살이가 엉망이 되기도 했다. 특히 산불에 의한 피해가 많이 발생하였는데, 1975년 진전면 곡악리 일대 7ha의 편백나무, 낙엽송 등 2만 1천여 그루가 불탄 데 이어, 그해 진전면 시락리 일대 임야 2천여 평에 심어진 편백나무가 소실됐다. 또한 1985년 가을 성묘객이 낸 산불로 한참 잘 자라기 시작한 말뚝 정도 굵기의 편백나무·삼나무 10ha, 2만여 그루가 한순간에 시꺼먼 잿더미로 변해버렸다. 이에 대해 선생은 산불로 인한 피해가 발생했던 일이 가장 가슴 아픈 일이었다고 한다. 더욱 더 힘들었던 것은 나무 심는 일을 제발 그만두라는 가족과 주위의 만류였다.

그러나 다시 나무를 심고 가꿀 수 있었던 것은 1년이 되기도 전에 다시 잿더미를 뚫고 무성하게 자라는 생명력 넘치는 나무의 삶이 감명을 주었기 때문이다. 묘목과 무거운 거름을 등에 지고 산을 오르내리는 어려움은 눈에 보이게 자라는 나무들을 보는 즐거움에 사라져버렸다. 이렇게 등짐을 지며 심은 나무들의 주요 수종은 70%가 편백이고, 나머지는 낙엽송·오동나무·삼나무·느티나무 등이었다. 토질과 기후 등 자연환경에 맞는 수종을 선정하다 보니 자연히 상대적으로 성장이 더딘 편백 등을 많이 심게 된 것이다.

땅을 사서 나무를 심는 윤영학 선생에게 "산에 나무를 심으면 무슨 수익이 있는데?", "나무 심는 돈으로 마산에다 땅이나 사놓지", 심지어는 "미쳤다"고 주변 사람들이 비난하였지만, 선생은 우리가 후손에게 물려줄 값진 유산은 골프장보다는 푸른 산이라고 생각하였다. 특히 나무는 돌보는 사람의 발자국 소리를 듣고 자라기 때문에 자녀를 돌보듯 정성과 노력을 들여야 잘 자라고, 심은 후 50년 이상 지나야 그 모습이 제대로 나타나고 또 수익도 날 수 있다. 그러나 최근 인력 부족과 인건비 상승

등으로 경제성이 떨어져 숲을 후대에 물려줄 자산으로 보지 않고 투기를 목적으로 산을 매입하는 사람들이 많이 생겼다. 그런 사람들이 산에다 나무를 심을 리도 없고, 심더라도 나무의 관리가 되지 않을 것을 윤영학 선생은 걱정하고 있다. 게다가 골프장 건설 등으로 한번 망가진 산은 절대 소생될 수 없기 때문에 모든 사람들이 산은 사유재산이 아니라 길이 물려줄 유산이라는 생각을 가져야 한다고 했다.

윤영학 선생이 조림한 산은 부동산으로는 가치가 없는 경사가 급한 악산惡山이며 조림한 나무들은 30년 정도는 자라야 재목으로 사용할 수 있기 때문에, 제재소를 팔아서라도 나무를 가꿀 것이고 이 일이 천직이라고 생각하며 숲을 관리하고 있다. 그래서 20여 명으로 구성된 산림작업단을 조직하여 조림, 나무에 거름주기, 가지치기 등을 실시하고 있으며, 산불을 예방하기 위해 대단위 조림지와 산불취약지에 산불감시원을 별도로 고용하여 산림을 보호하고 있다. 현 경남 창원시 마산 합포구 진동면 교동리 야산 20여 ha가 경남임업교육장으로 상시 활용되는 것을 비롯해서 고성읍 이당리 일대 40ha는 군민들의 산림욕장으로 이용되고 있다. 또한 산림경영의 기반을 조성키 위해 1983년부터 산 정상까지 임도를 개설하였는데, 오지산림 내 6km는 자비 1억 3천만 원으로, 2km는 정부보조를 받아 개설하였다. 조림지 임목을 재해로부터 예방하기 위하여 방화선 12km를 총인원 700여 명을 동원하여 설치하는 등 보호관리에도 최선을 다하고 있다.

숲은 풍부한 수자원을 공급하고 대기오염을 정화시키며 수질을 개선하는 데 큰 역할을 하기 때문에 나무를 심고 가꾸는 일은 신앙임과 동시에 인생을 풍요롭게 하는 것이라 윤 선생은 여겼다. 특히 경남 진주의 경상대에 재학 중인 아들이 산림경영을 물려받기 위해 기꺼이 임학과로 옮겨 나무심기와 가꾸기를 물려줄 수 있게 된 것을 큰 보람으로 생각하고 대를 이어 숲을 가꾸는 것을 자랑스럽게 여겼다.[31]

독립가 윤영학 선생은 1970년대 초반부터 사재를 털어가며 조림을 하여 숲을 일구었지만, 숲을 개인 재산으로 여기지 않고 후손에게 남길 유산으로 보며 관리해왔다. 특히 산불 등의 산림피해 예방에 투자를 하고 많은 돈이 드는 임도도 개설하여 숲 관리 및 경영에 힘을 기울였다. 이렇게 이루어진 숲을 아들이 이어받아 관리하는 창원시 마산 합포구의 편백숲은 우리나라 조림의 산역사이다.

우리나라의
조림 성공 요인

우리나라의 조림 성공 요인은 사회적 여건 변화, 정부의 강력한 산림녹화 정책, 임산연료의 화석연료 대체로 볼 수 있다. 전쟁 이후 복구를 위해 힘쓴 우리나라는 해외 원조를 받아 1960년 이후 경제개발 5개년 계획에 따른 정책으로 고도성장을 이루었다. 산업화가 진행되면서 농촌인구가 감소하였고 이는 숲을 자리 잡게 하는 동력이 되었다. 조림사업을 성공적으로 이끈 요인들을 보다 구체적으로 살펴본다.

01

사회적
여건 변화

치산녹화사업을 가능하게 한 조림사업 경제발전

사회적 여건 변화로는 우리나라의 경제발전을 들수가 있다. 경제발전의 정도에 따라 사회의 다양한 분야에 변화가 생기는데, 이러한 변화는 우리 숲에도 큰 영향을 끼쳤다. 1945년 해방 직후 우리 경제는 혼란기에 빠졌다. 남북 분단으로 인한 남북 간의 보완관계 단절, 해방으로 인한 기존 전문가들의 일본 철수, 해방 전후의 급격한 통화팽창으로 인한 인플레이션 등을 그 원인으로 들 수 있다.

1948년 대한민국 정부가 수립되었으나 1950년에 발발한 6·25전쟁이 3년간 지속되어 전후 복구와 경제개발은 1953년 이후에 시작되었다. 1945~1948년의 미군정, 한국동란과 전후 복구기인 1960년 초까지 15년간을 외국 원조에 의존하였다. 1946~1961년 사이에 지원된 외국 원조액은 31억 달러 이상으로, 연평균 거의 2억 달러 정도의 해외 원조를 받았다. 원조는 곡물 및 식료품과 의류·연료·의료품 등의 소비재가 38.2%, 엽연초·원면 등의 원료 및 반제품이 35.0%를 차지하고, 비료·각종 자재 및 산업용 기계부품과 건축자재 등의 투자재는 26.8%를 차지하였다.[1]

우리나라 경제는 1960년대 이후 경제개발 5개년 계획에 따른 경제정책으로 고도성장을 이루어왔다. 1953년의 국민총생산이 222억 원<small>2005년 가격 기준</small>이었던 것이 2010년도에는 1천조 원이 넘을 정도로 급격한 경제성장을 하였다. 경제성장률은 1950년대에 5% 정도이던 것이 경제개발 5개년 계획이 시작된 1960년대에는 9%대로 상승하였고, 1970년대에는 10% 이상의 경제성장률을 이루었다. 이후 서서히 감소한 경제성장률은 1980년대에는 8%대, 외환위기가 닥친 1990년대는 7% 이하, 2000년대에는 5% 이하로 낮아졌다. 특히 1970년대까지의 높은 성장률은 해외 차관을 바탕으로 한 정부의 적극적인 경제개발 정책에 힘입은 것으로 보인다.[2]

우리나라의 산업구조는 1950년대부터 1차 산업의 비중이 계속 감소한 반면 2차와 3차 산업의 비중은 계속 증가하였는데, 1, 2, 3차 산업별 구성은 1955년에는 44:15:41, 1970년에는 26:27:46으로 변하였고, 1980년에는 14:39:47로 1차 산업의 비중이 급격히 감소하였다. 2차 산업의 비중은 크게 그리고 3

차 산업의 비중은 약간 증가하여, 산업구조가 상당히 고도화된 것으로 나타난다. 고용구성비도 같은 경향을 보이는데 1, 2, 3차 산업 취업자 구성비가 1965년에는 59:13:28, 1970년에는 50:17:33, 1980년에는 34:29:37로 변하여 1차 산업 취업자가 크게 감소하였고, 2차 및 3차 산업의 비중이 증가하였다. 1960년대와 1970년대 한국의 경제성장을 설명함에 있어서도 수출과 수입은 대단히 큰 역할을 한다. 한국의 수출은 성장의 엔진 역할을 했다. 한국의 수출은 1961년의 4천만 달러에서 1970년 8억 8,200만 달러, 1981년 211억 달러로 크게 증가하였다.[3] 1인당 국민소득도 경제가 발전해감에 따라 1953년 69달러에 불과하던 것이 1970년에는 255달러, 1980년에는 1,660달러, 2000년에는 1만 1천 달러를 넘었다.[4]

1962년에 시작한 경제개발계획의 성공적 추진에 따라 우리나라는 엄청난 성장을 이룩하였고, 이 기간 동안 절대적 빈곤을 해결하였다. 과거 우리의 모습을 대변했던 '보릿고개'와 같은 말이 사라졌다는 것은 한국의 경제발전을 상징적으로 말해준다. 이러한 도약적인 경제발전은 해방 이후 1970년대까지 산림황폐화의 원인이 되는 가정용 연료의 변화와 화전, 도벌 등을 근절하는 데 이바지하였다. 특히 경제발달이 안 된 1970년대까지는 산에서 직접 나무를 잘라 이용하는 것이 유리하였으나 경제가 발전해감에 따라 산에 가지 않고 품을 팔아 번 돈으로 연탄을 구입하여 난방을 하는 것이 더 유리한 조건으로 바뀌어 산림황폐화가 예방되었다. 화전정리사업 역시 화전민이 숲이 아닌 다른 곳에서 생활을 할 수 있도록 하는 정부의 지원이 가능했기 때문에 성공하였다. 1960년대 이후 지금까지 지속적인 경제성장은 우리 숲을 다시 푸르게 하는 원동력이 되었다.

농촌 인구의 감소와 숲의 형성

우리나라의 인구는 1955년 2,150만 명, 1960년 2,490만 명으로 증가하였다. 이후 산업화가 진행되면서 1970년에는 3,150만 명, 1980년 3,740만 명으로 증가하여 30년 만에 1,600만 명의 인구가 늘어났다. 특히 1960년대의 인구 증가율은 15%가 넘을 정도로 폭발적이었다.[5] 이렇게 인구 증가에 따라 도시지역과 농촌지역의 인구가 동일한 비율로 증가하지는 않아서, 도시지역의 인구증가율은 높았으나, 농촌지역의 인구는 도시 유입으로 인하여 오히려 감소하였다. 1955년 1,620만 명이던 농촌인구는 1970년에는 1,440만 명으로 15년 사이에 180만 명이 감소하였다.[6] 1960년 이후 급격한 인구변화는 농촌지역에서 그 변화의 폭이 더 크게 나타나, 농촌인구는 1960년 총 인구의 63%에서 1995년에 13%로 감소하였다.[7] 1970년대까지 농촌 지역의 대부분이 가정용 연료로서 임산연료와 농업부산물을 사용하였는데, 농촌 지역의 인구가 감소함에 따라 이러한 임산연료의 소비가 줄어들기 시작하였다.

　농촌인구가 도시로 이주하는 이유는 인구 증가에 따른 경작면적의 감소 등 여러 가지 이유가 있으나, 이 중 가장 큰 요인은 도시와 농촌 근로자와의 임금격차가 확대되었기 때문이다. 1965년에 농가의 평균 임금은 도시근로자보다 9% 높았지만, 1970년부터 역전되어 1980년에는 도시근로자의 69% 수준으로 감소되었다. 이러한 임금 격차가 커짐에 따라 농촌 인력의 도시 이주가 가속화되었다.[8] 1970년대 이후 농촌인구가 줄어들면서 농촌의 난방연료 수요가 감소하여 임산연료에 대한 수요가 줄어든 것도 산림황폐화를 막고 산림녹화가 이루어지는 동력의 하나가 되었다.

02

정부의 강력한
산림녹화 정책

해방 이후 1961년까지 우리나라의 산림정책은 산림황폐화를 방지하기 위한 정책이 주를 이루었다. 황폐지 복구를 위한 사방 및 조림사업, 난방 및 취사용 에너지 공급을 위한 연료림 조성사업 등이 추진되었다. 산림청이 발족한 1967년 이후에는 산림보호정책과 임업 산업 활동을 추가한 종합적인 산림정책을 추진하였다. 이 시기에는 정부의 자금이 조림사업, 사방사업, 보호사업, 임업시험연구, 특수임산물 생산사업 등에 주로 배정되었다. 특히 1968년부터 1971년까지는 임업소득 증대에 중점을 두었고, 1972년에는 임산자원 조성으로 정책방향이 바뀌었다.

산림정책의 전환점은 1973년에 수립된 '1차 치산녹화 10개년 계획'에 담겨져 있다. 이 계획은 경제개발계획과 국토종합개발계획, 그리고 새마을운동 등과 유기적인 연결 속에 실시하는 종합적인 계획으로, 당시 대통령의 강력한 산림녹화 의지가 강하게 반영된 것이었다. 정부는 치산녹화사업도 새마을운동과 마찬가지로 마을 산을 주민 스스로 심고 가꾸도록 하는 것을 원칙으로 하여 마을지도자 교육, 마을양묘, 마을조림, 마을사방을 추진하여 녹화사업이 주민의 소득을 증대하도록 하여 주민 참여를 유인하였다. 또한 치산녹화사업의 추진을 위해서 산림개발법, 임목에 관한 법률이 제정되었다. 당시 대통령의 산림녹화 의지에 따라 농림부에 소속되어 있던 산림청은 내무부로 이관되었다. 그 이유는 복잡한 산림정책을 효율적으로 추진하고 조기 녹화를 하기 위해서는 새마을운동과 지방 행정 및 경찰을 관장하는 내무부 소속기관으로 행정기관과 경찰의 지원하에 산림청의 기술력을 총동원하여 치산녹화사업이 실행되도록 하기 위해서였다. 또한 종합적인 산림보호는 도지사·시장군수, 보호단속은 경찰서장, 기술지도는 산림공무원이 맡는 체제를 확립하는 데 목적을 두었다.[9]

1차 치산녹화 10개년 계획은 100만ha 조림목표의 달성을 위한 국민식수와 행정력 동원이 핵심이었다. 사업은 전 국민의 치산녹화 참여, 1차 계획에 100만ha 조림, 나머지는 2차 계획에서 완성, 산지에 새로운 경제권 조성, 주민조직·지방행정조직·경찰조직·삼림요원과 임업계 학교의 산지개발 집결이라는 세부목표를 통하여 진행되었다. 당시 대통령의 강력한 추진력과 의

지로 이 계획은 일부 수정 후 1978년까지 108만ha를 조림한 것을 근거로 4년을 앞당겨 완료되었다. 이러한 성공은 국민동원과 집중적인 예산투입, 종합적인 산림녹화정책이 효과적으로 집행되었기 때문에 가능하였다. 이는 산주의 경영을 고려한 조림정책보다는 헐벗은 산을 녹화한다는 녹화정책을 대변하고 있다.

1차 치산녹화 10개년 계획에 따른 정부의 강력한 녹화정책과 대규모 조림사업의 실행으로 우리나라의 숲은 빠른 시간 안에 녹화되었다. 동시대에 추진된 경제개발계획에 따른 지속적인 경제개발, 국민의 소득 증가는 산림녹화 성공을 가능하게 하였다.

2차 치산녹화 10개년 계획은 1979년부터 시작되었는데, 산림자원화를 위한 경제림 조성이라는 목표를 위하여 선진적이며 합리적인 산림경영기반 구축에 중점을 두고 시행하였다. 초기에는 속성수 중심 조림사업, 중기 이후에는 속성수와 경제수를 반반씩 조림하는 사업으로 변경되었다. 1970년대에는 농촌 인구의 도시 이주로 산림노동력이 부족하게 되고 경제성장으로 인건비가 올라 인공조림에 의한 산림자원 조성도에서 생태적이고 비용효과적인 임업경영을 모색하기 시작하였고, 사회적 요구가 다양화되어 자연휴양림 조성과 같은 공익기능 증진을 위한 사업 또한 시행되었다.[10]

우리나라의 임목축적은 1960년에 9m³/ha이었던 것이 1970년에는 10m³/ha로 10년 사이에 1m³/ha 증가해 대단히 미미하였다. 그러나 1차 치산녹화 10개년 계획이 종결된 직후인 1980년에는 22.2m³/ha로 2배 이상 증가하였고 2차 치산녹화 10개년 계획의 후반부인 1985년에는 27.5m³/ha로 1970년 기준 2.7배 증가하였으며, 2007년에는 100m³/ha로 약 10배 증가하였다. 이러한 임목축적의 증가는 훼손지 복원, 화전정리사업 및 산림녹화의 결과로 볼 수 있다.

03

임산연료의
화석연료 대체

      1960년대까지만 해도 도시주민들조차 취사 및 보온용으로 장작과 솔잎을 이용하였다. 1차 치산녹화기간 새마을 조림사업의 일차적 목적이 연료림 조성이라는 것만 보아도 당시 연료로서 임산물의 중요성이 얼마나 컸는지를 가늠할 수 있다. 해방 이후 산림황폐화의 가장 큰 원인 중 하나도 입목 축적의 약 17%에 해당하는 1천만m^3 내외의 목재를 매년 가정용 연료로 소비했기 때문이었다.

  1955년 가정용 연료재의 소비량이 그대로 유지될 경우 10년 이내에 전국의 산림은 민둥산이 될 정도로 심각한 상황이었다. 이러한 심각성 때문에 농림부는 대도시 내 임산연료의 반입을 금지하고, 동시에 상공부에서는 무연탄을 이용한 가정용 대체 연료에너지 이용을 장려하는 정책을 동시에 추진하게 되었다. 1950년대 중반, 상공부의 에너지 정책과 농림부의 산림녹화정책의 다부문 간 협력은 효과적인 선택이었다. 상공부는 1956년 화석연료 대체를 위해 우리나라의 거의 유일한 부존 에너지 자원인 무연탄 생산을 늘리는 정책을 강력히 폈다. 농림부는 1958년 도시지역으로의 임산연료 반입을 금지하고 상대적으로 연료재의 압박이 덜한 농·산촌에는 연료림을 조성하는 정책을 수립, 시행하였다. 또한 영암선, 태백선 등 석탄철도 부설이 확장됨에 따라 무연탄 생산은 급증해 1970년대 초반에는 도시지역의 5.2%만이 가정용 난방 및 취사 에너지로 임산연료를 사용하게 되었다.[11]

1970년대까지 농촌 지역의 대부분이 가정용 연료로서 임산연료와 농업 부산물을 사용하였다. 1960년대 중반까지도 도시 인구 전부가 가정용 연료로 임산연료가 싸고 보관하기 쉬웠기 때문에 석탄을 사용하지 않았다. 그러나 비닐하우스나 축산업 등이 발전함에 따라 19공탄을 이용하는 것이 편리하고 경제적이어서 부엌 아궁이 개량이 가능하게 되었다. 농촌의 경우, 1970년대 초 새마을운동을 통해 소득이 증대되는 가운데 생활 주거환경도 개선되면서 덩달아 외부효과로 산림녹화가 가속화되는 효과까지 가져온 것이었다.

총 에너지에서 신탄이 차지하는 비율은 1950년에 90% 이상에서 1960년대에는 66%, 1970년에 21%, 1990년에는 1% 이하로 감소하였다. 이러한 비율의 변화는 총 에너지의 증가에 따른 비율상의 감소일 수 있다. 실제 소비량을 보면 신탄소비량은 1951년에서 1960년까지 1,200만 톤에서 1,300만 톤을 유지하였으나 1960년 중반부터 감소하여 1970년에는 900만 톤으로 감소한 후 이후 급감하여 1975년에는 800만 톤, 1980년 470만 톤, 1990년에는 144만 톤으로 감소하였다.[12]

1974년 임업시험장에서는 연료자원의 소비절약과 산림자원의 보호육성 및 농가생활환경 개선 등에 기여하고자 새로운 임산연료용 아궁이의 개량에 착수하여 3종의 산림표준 아궁이를 개발하였다. 개량아궁이는 아궁이문, 불주머니, 불고개구멍 등이 커서 필요 이상으로 많은 연료가 낭비되던 기존의 재래식 아궁이를 개량한 것이었다. 아궁이 개량사업을 당면 역점사업으로 정하여 새마을사업에 의하여 마을 단위로 전량 개량을 목표로 하고, 흙과 돌만 있으면 수월하게 개량할 수 있는 간이형 아궁이와 철물 등을 이용하는 영구형 아궁이를 개량·보급하는 사업을 전개하게 되었다. 또한 1970년대 이후에는 농촌인구가 줄어들면서 농가에 불을 때야 할 온돌방의 수도 조금씩 줄어든 것도 산림녹화를 더 쉽게 만든 요인 중 하나가 되었다. 1970년대에 들어서면서 농촌 지역에서도 서서히 석탄이 임산연료를 대체하기 시작하였고 개량아궁이가 보급되면서 임산연료를 쓰더라도 조금은 덜 쓰는 형태로 개선되기 시작했다. 그러다가 1980년대에 취사용으로는 가스가, 난방용으로는 석탄이 임산

연료를 거의 대부분 대체하게 되었다.[13]

임산연료의 화석연료 대체는 우리나라 숲을 푸르게 하는 데 이바지하였으며 특히 산림의 황폐화를 막는 데 크게 기여하였다. 경제발전, 농촌인구의 도시 이주와 함께 나타나는 임산연료 소비 감소는 산림의 자원화에 크게 기여했다. 2010년 우리나라 평균 임목축적은 $100m^3/ha$ 이상이 되었다.

부록 1

우리나라 조림면적 변화

1. 일제강점기의 조림

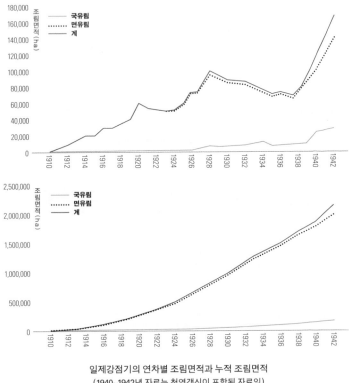

일제강점기의 연차별 조림면적과 누적 조림면적
(1940~1942년 자료는 천연갱신이 포함된 자료임)

조선총독부(1910~1942), 〈조선총독부 통계연감〉

일제강점기인 1910년부터 1945년까지의 조림면적은 214만 정보로 우리나라 (북한 포함) 숲 면적의 14.5%에 해당된다. 민유림의 조림면적은 196만 정보로 전체의 90% 이상을 차지하였고 국유림은 18만 정보에 불과하였다.

2. 대한민국 건국초기의 조림(1945~1960년)

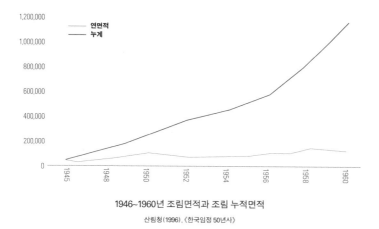

1946~1960년 조림면적과 조림 누적면적

산림청(1996),《한국임정 50년사》

해방 이후인 1946년부터 1960년까지의 조림면적은 총 128만ha, 6·25전쟁 중에도 4만~9만ha를 조림하였다.

3. 1960년대 경제개발계획 추진 초기의 조림(1960~1972년)

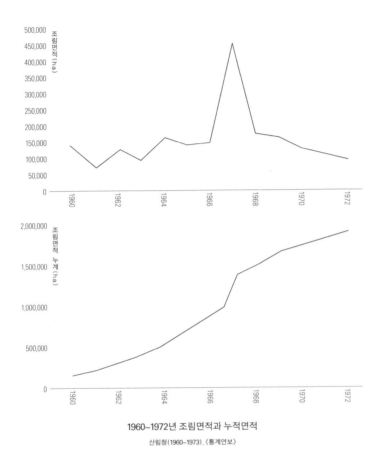

1960~1972년 조림면적과 누적면적

산림청(1960~1973), 〈통계연보〉

1960~1972년 사이의 조림면적은 195만ha로 연평균 15만ha이고 리기다소나무가 26.3%, 아까시나무가 23.2%, 낙엽송이 17.9%를 차지했다. 침엽수는 114.6만ha로 58.8%, 활엽수 78.9만ha, 40.4%로 침엽수 비중이 활엽수보다 18.4% 포인트 높았다.

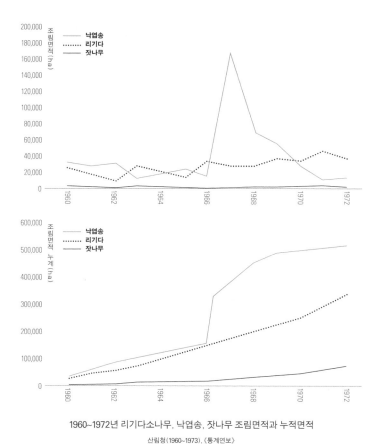

1960~1972년 리기다소나무, 낙엽송, 잣나무 조림면적과 누적면적

산림청(1960~1973), 《통계연보》

1960~1972년 사이에 리기다소나무, 낙엽송, 잣나무의 조림면적은 총 92
만 8천ha로 조림면적의 47.6%를 차지하였다. 리기다소나무는 51만 3천ha,
1967년에 17만 3천ha를 조림하여 단일수종으로 연간 조림면적으로는 최대
치이다. 낙엽송은 34만 9천ha, 잣나무는 6만 6천ha를 조림하였다.

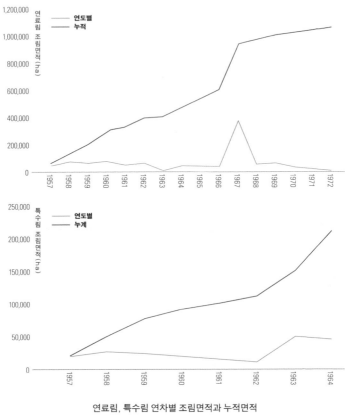

연료림, 특수림 연차별 조림면적과 누적면적

산림청(1996), 《한국임정 50년사》, 산림청(1960-1973), 《통계연보》

1957~1972년 사이의 연료림 조성은 1972년까지 100만 5천ha, 1967년도에 36만 5천ha를 조림하여 정점에 이룬 후 급격히 감소하였다. 특수림 조림면적 은 1957~1964년 사이에 유실수 위주로 20만 7천ha가 조림되었다.

4. 1차 치산녹화기간의 조림

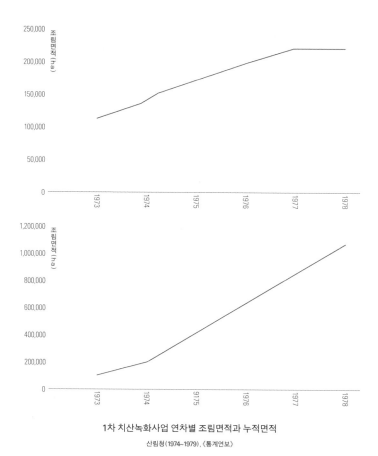

1차 치산녹화사업 연차별 조림면적과 누적면적

산림청(1974~1979), 《통계연보》

1차 치산녹화기간인 1973~1978년까지의 전체 조림면적은 108만ha, 연료림 수종인 리기다소나무, 아까시나무 등 40.5%, 용재수종인 낙엽송, 잣나무는 25.3%를 차지하였다. 침엽수는 50.2%(54만 2천ha), 활엽수는 33.3%(36만 ha)로 침엽수 비중이 활엽수보다 17% 포인트 정도 높았다.

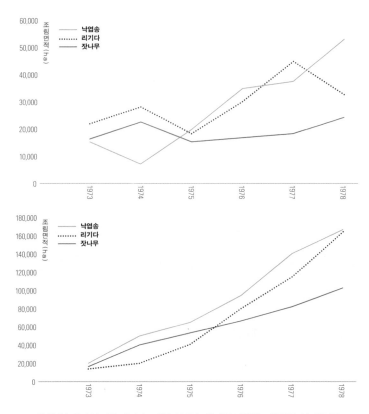

1차 치산녹화사업 기간 리기다소나무, 낙엽송, 잣나무 연차별 조림면적과 누적면적

산림청(1974~1979), 《통계연보》

리기다소나무, 낙엽송, 잣나무의 조림면적은 총 44만 2천ha로 조림면적의 41.0%를 차지하였다. 리기다소나무는 16만 9천ha, 낙엽송은 16만 7천ha, 잣나무는 10만 6천ha를 조림하였다. 낙엽송과 잣나무는 용재수종으로 1970년대 중반부터는 조림면적이 증가하였다.

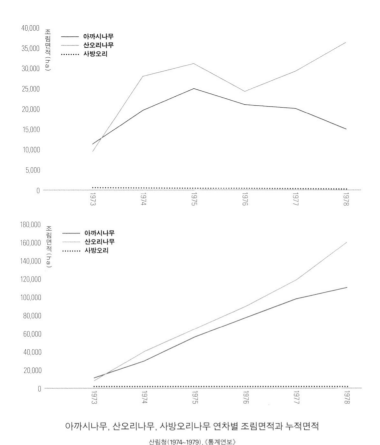

아까시나무, 산오리나무, 사방오리나무 연차별 조림면적과 누적면적

산림청(1974~1979), 《통계연보》

산오리나무, 아까시나무, 사방오리나무는 연료림 조성수종으로 대면적에 조림되었으며, 조림면적의 24.8%인 26만 7천ha를 차지하였다. 산오리나무는 15만 6천ha, 아까시나무는 11만 1천ha, 사방오리는 1973년에만 370ha가 조림되었다.

5. 2차 치산녹화기간의 조림

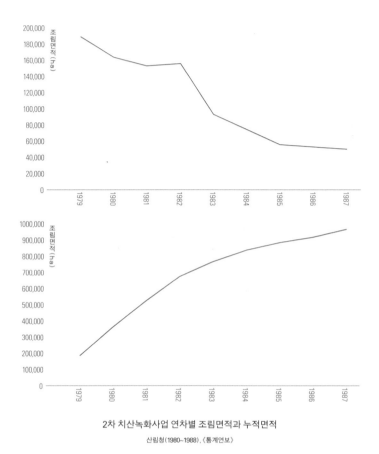

2차 치산녹화사업 연차별 조림면적과 누적면적

산림청(1980~1988), 《통계연보》

조림면적은 98만 4천ha으로 전체 조림면적 중 침엽수는 49.5%(48만 7천ha), 활엽수 45.8%(45만 1천ha)로 침엽수 비중이 활엽수보다 4% 포인트 정도 높으나 기타수종을 고려하면 차이가 미미하다.

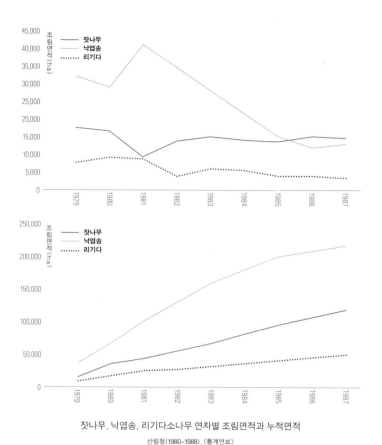

잣나무, 낙엽송, 리기다소나무 연차별 조림면적과 누적면적

산림청(1980~1988), 《통계연보》

경제수종인 낙엽송, 잣나무의 조림면적은 총 34만 7천ha로 총 조림면적의
35.3%, 리기다소나무는 5만ha 이하로 점유율이 5%, 낙엽송은 22만 9천ha,
잣나무는 12만 7천ha로 낙엽송과 잣나무는 용재수종으로 2차 치산녹화기간
에는 점유율은 높아졌다.

6. 3차 산림기본계획기간의 조림

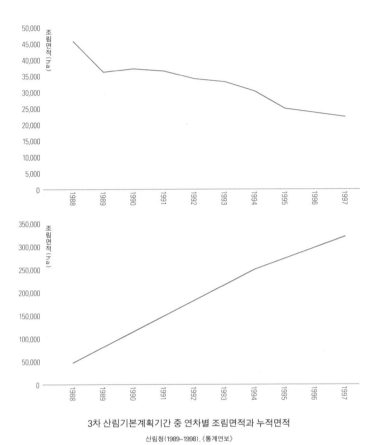

3차 산림기본계획기간 중 연차별 조림면적과 누적면적

산림청(1989~1998), 《통계연보》

조림면적은 32만 4천ha, 주요 조림수종은 잣나무 32.1%(14만 9천ha), 낙엽
송 12.2%(4만ha), 편백 9.4%(3만 1천ha), 이태리포플러 8.1%(2만 6천ha)로
용재수종인 잣나무, 낙엽송, 편백이 반 이상인 53.8%를 차지하여 용재수종 위
주의 조림이 이루어졌다.

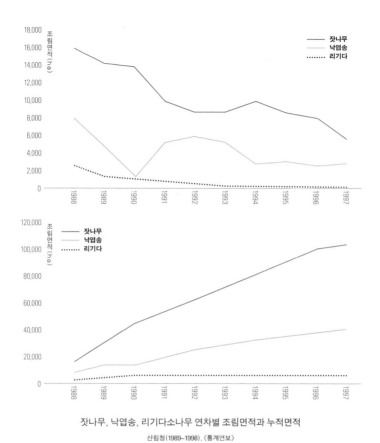

잣나무, 낙엽송, 리기다소나무 연차별 조림면적과 누적면적

산림청(1989~1998), 《통계연보》

침엽수 경제수종인 잣나무, 낙엽송 조림면적은 총 14.3만ha로 총 조림면적의 44.3%, 잣나무는 조림면적이 10.4만ha, 낙엽송은 4만ha, 치산녹화사업 때 큰 비중을 차지했던 리기다소나무는 6천ha 이하를 조림하여 점유율이 2% 미만에 불과하였다.

우리나라 조림면적 변화

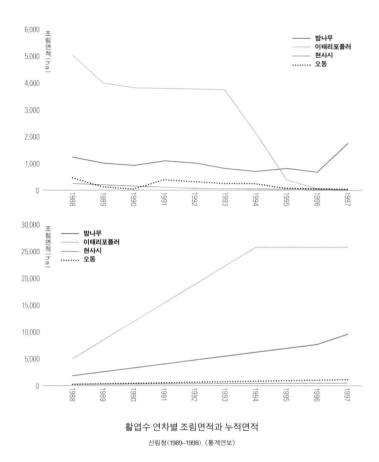

활엽수 연차별 조림면적과 누적면적

산림청(1989~1998),《통계연보》

활엽수 조림수종으로 속성수인 이태리포플러의 조림면적은 2만 6천ha, 현사시나무는 총 500ha정도였다. 유실수인 밤나무의 조림면적은 1만ha 정도였다. 아까시나무는 2차 치산녹화기간에 이어 3차 산림기본계획기간에도 조림이 전무하였다.

7. 4차 산림기본계획기간의 조림

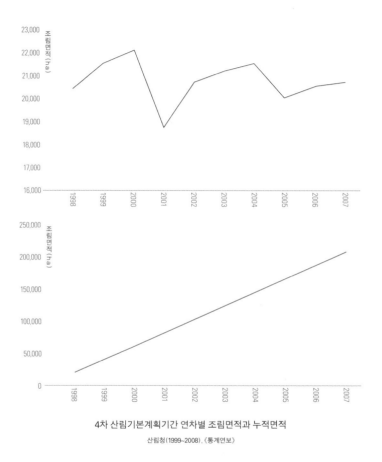

4차 산림기본계획기간 연차별 조림면적과 누적면적

산림청(1999~2008), 《통계연보》

조림면적은 20만ha, 연차별로 큰 차이가 없이 2만ha 내외의 면적이 조림되었다. 조림수종은 잣나무 18.5%, 상수리나무 10.3%, 편백 7.9%, 자작나무 7.0%, 소나무 6.9%, 낙엽송 6.9%이었다. 느티나무, 물푸레나무, 벚나무 기타 활엽수가 20%를 차지하고 있다.

우리나라 조림면적 변화 ∕

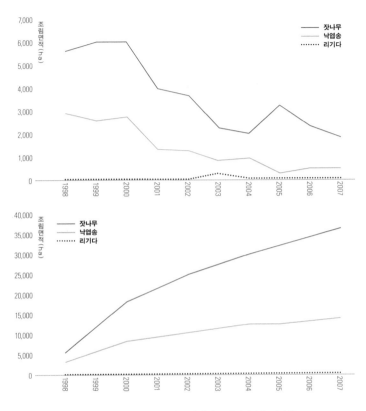

잣나무, 낙엽송, 리기다소나무 연차별 조림면적과 누적면적

산림청(1999~2008), 《통계연보》

침엽수 경제수종인 잣나무, 낙엽송 조림면적은 총 5만 1천ha로 총 조림면적
의 25.3%를 차지하였다. 잣나무는 조림면적이 3만 7천ha, 낙엽송은 1만 4천
ha를 조림하였다.

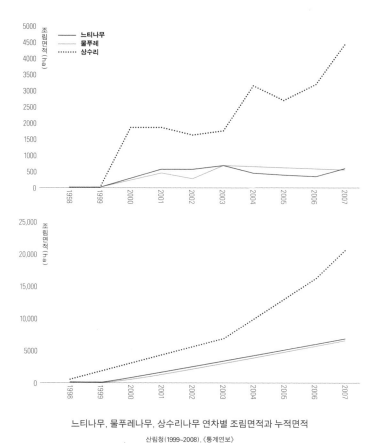

느티나무, 물푸레나무, 상수리나무 연차별 조림면적과 누적면적

산림청(1999~2008), 《통계연보》

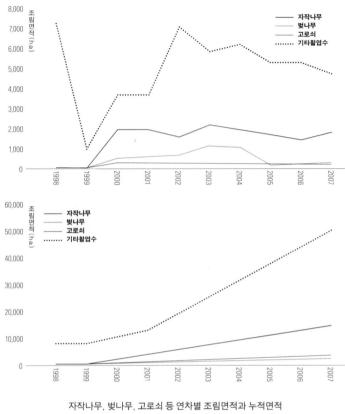

자작나무, 벚나무, 고로쇠 등 연차별 조림면적과 누적면적

산림청(1999~2008), 《통계연보》

활엽수 조림수종으로는 상수리나무, 자작나무, 느티나무, 물푸레나무, 벚나무와 유실수로 밤나무가 있으며 이 중 상수리나무와 자작나무의 조림면적은 3만 5천ha로 17.3%를 차지하였다. 상수리나무는 총 2만 1천ha, 자작나무는 총 1만 4천ha, 느티나무, 물푸레나무, 벚나무, 고로쇠나무는 총 1만 1천ha가 조림되었는데, 이 수종들은 다양한 산림기능을 증진하기 위하여 조림된 것으로 보이며 2000년도부터 공식적으로 통계에 기록되었다.

8. 1960년에서 2010년까지 60년간의 조림

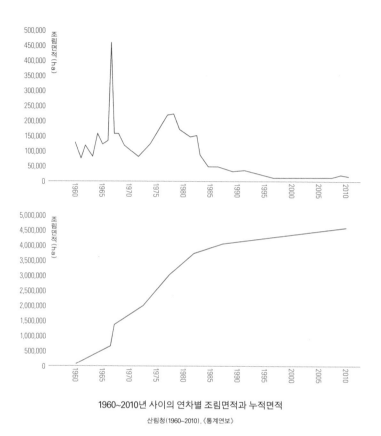

1960~2010년 사이의 연차별 조림면적과 누적면적

산림청(1960~2010),《통계연보》

1960~2010년 사이 조림면적은 461만ha이며, 이 중 1960~1973년의 13년간 조림면적은 195만ha로 전체의 42.3%를 차지하였다. 1~2차 치산녹화기간(15년) 206만 4천ha(44.8%), 3~4차 산림기본계획기간에 53만 1천ha(11.5%)를 차지하였다. 침엽수가 절반이 넘는 54.4%, 활엽수는 38.5%가 조림되었다. 조림면적은 1985년까지 높은 증가세를 보이고, 이후 급격히 감소하였다.

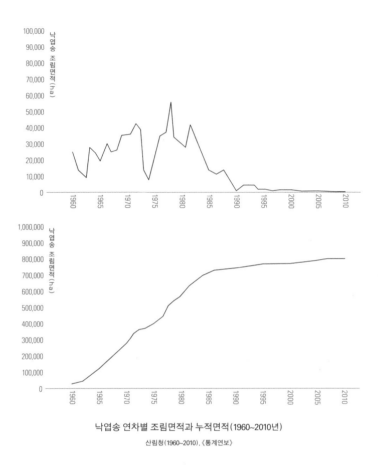

낙엽송 연차별 조림면적과 누적면적(1960~2010년)

산림청(1960~2010), 《통계연보》

낙엽송의 조림면적은 79만 3천ha(17.2%)를 차지하였는데 1960~1972년의 13년간 조림면적은 34만 9천ha(44.0%), 1~2차 치산녹화기간(15년)의 조림면적은 38만 8천ha(48.9%)였다. 조림면적은 1985년까지 가파른 증가세를 보인 후 급격히 감소하였다.

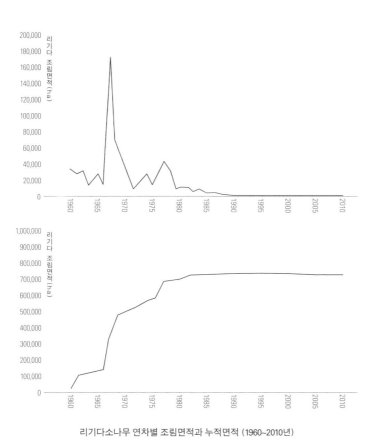

리기다소나무 연차별 조림면적과 누적면적 (1960~2010년)

산림청(1960~2010), 《통계연보》

리기다소나무의 조림면적은 73만 8천ha(16.0%)를 차지하였는데 1960~1972
년 사이에 51만 2천ha, 1~2차 치산녹화기간(15년)에 21만 9천ha이었다가 급
감하여 2000년대에는 조림실적이 없다.

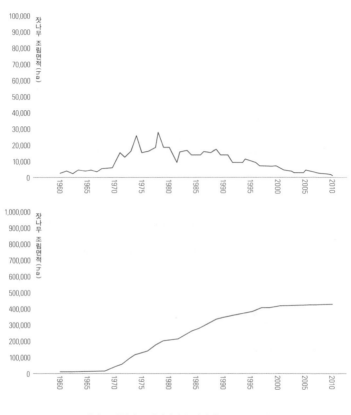

잣나무 연차별 조림면적과 누적면적(1960~2010년)

산림청(1960~2010), 《통계연보》

잣나무 조림면적은 44만 4천ha(9.6%)를 차지하였는데 1960~1972년의 13년간 조림면적은 6만 6천ha로 14.8%를 차지했고 1~2차 치산녹화기간(15년)의 조림면적은 23만 2천ha로 52.3%, 3~4차 산림기본계획기간의 조림면적은 14만 1천ha로 31.7%를 차지하였다.

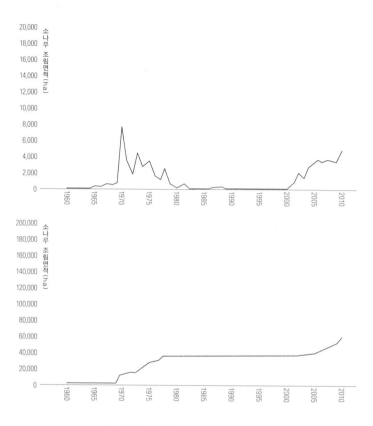

소나무 연차별 조림면적과 누적면적(1960~2010년)

산림청(1960~2010), 《통계연보》

소나무는 6만ha를 조림하여 전체 조림면적의 1.3%를 차지하였다. 1979~2002
년까지 20년 이상 조림이 적게 된 것은 솔잎혹파리 등의 병해충 때문이었다.
2000년대 들어서는 금강소나무의 유지를 위한 조림이 확대되어 조림면적이
증가하였다.

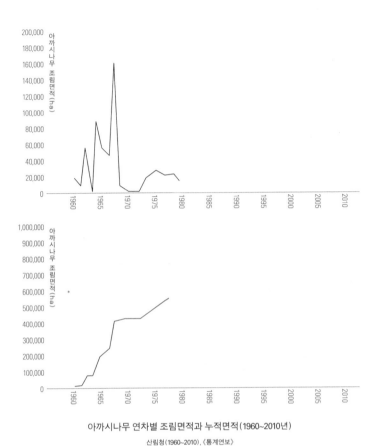

아까시나무 연차별 조림면적과 누적면적(1960~2010년)

산림청(1960~2010), 《통계연보》

아까시나무는 연료림 조림수종으로 56만 4천ha를 조림하여 전체 조림면적의
12.2%를 차지하였다. 1960~1972년 사이의 조림면적은 45만 3천ha를 차지
했고 1~2차 치산녹화기간(15년)의 조림면적은 19만 7천ha, 3차 산림기본계
획기간부터는 조림을 하지 않았다.

부록 2

우리나라 주요 조림수종

1. 잣나무

학명은 *Pinus koraiensis*로 우리나라, 중국, 일본 등에 분포돼 있다. 높이 30m, 지름 1m로 자라는 상록 침엽수로 건축재, 토목재, 조각재, 기구재 등으로 이용된다.

2. 낙엽송

학명은 *Larix kaempferi*로 원산지는 일본으로 우리나라 전국에 식재되었다. 높이 35m, 지름 1m로 자라는 낙엽 침엽수로 건축재, 펄프재 등으로 이용된다.

3. 리기다소나무

학명은 *Pinus rigida*로 북미가 원산지로 우리나라 전국에 식재되었다. 높이 25m, 지름 1m로 자라는 상록 침엽수로 우리나라에서는 크게 자라질 못하여 펄프재, 판재 등으로 이용된다.

4. 소나무

학명은 *Pinus densiflora*로 적송, 육송이라고도 하며 우리나라를 대표한 수종이다. 우리나라, 중국, 일본 등에 분포돼 있고 높이 30m, 지름 1.8m로 자라는 상록 침엽수로 건축재, 토목재, 기구재 등으로 이용된다.

5. 삼나무

학명은 *Cryptomeria japonica*로 일본 원산으로 우리나라 남부지역에 주로 식재되었다. 높이 40m, 지름 2m로 자라는 상록 침엽수로 건축재, 방풍림 등으로 이용된다.

6. 편백

학명은 *Chamaecyparis obtusa*로 일본 원산으로 우리나라 남부지역에 식재되었으며 높이 40m, 지름 2m로 자라는 상록 침엽수로 건축재, 가구재, 향료로 이용된다.

7. 곰솔

학명은 *Pinus thunbergii*로 우리나라, 일본 해안지역에 자란다. 바닷가에 자라서 해송이라고도 하는데 높이 20m, 지름 1m로 자라는 상록 침엽수로 건축재, 가구재, 방풍림으로 이용된다.

8. 아까시나무

학명은 *Robinia pseudoacacia*로 북미 원산으로 우리나라 전국에 식재되었다. 높이 25m로 자라고 가구재, 사료, 밀원용으로 이용된다.

9. 상수리나무

학명은 *Quercus acutissima*로 우리나라, 중국, 일본 등에 자란다. 높이 30m, 지름 1m로 자라는 낙엽 활엽수로 건축재, 가구재, 펄프, 목탄, 버섯재배에 이용된다.

10. 느티나무

학명은 *Zelkova serrata*로 우리나라, 중국, 일본에 자라고 있다. 높이 26m, 지름 3m로 자라는 낙엽 활엽수로 가구재, 건축재, 조각재, 공예용으로 이용된다.

11. 가래나무

학명은 *Juglans mandshurica*로 우리나라, 중국에 자라고 있다. 높이 20m, 지름 80cm로 자라는 낙엽 활엽수로 가구재, 내장재, 조각재, 운동구 등으로 이용된다.

12. 자작나무

학명은 *Btula platyphylla var. japonica*로 우리나라, 일본, 중국, 러시아에 자란다.
백색 수피가 특징인 자작나무는 높이 20m, 지름 90cm로 자라는 낙엽 활엽
수로 가구재, 기구재, 조각재 등으로 이용된다.

부록 3

우리나라 주요 조림수종 조림지

1. 잣나무 조림지

1 잣나무 대면적 조림지(좌: 경기도 가평)와 잣나무 5영급 인공림(우: 경기도 광릉)
2 일제강점기 조림지 잣나무 8~9영급 인공림(좌: 경기도 광릉, 우: 강원도 홍천)

영급(齡級)

숲의 나이를 표시하는 단위이다. 우리나라는 10년 단위로 영급을 구분하여 1영급, 2영급, 3영급 등으로 표시를 한다. 독일의 경우 20년, 일본은 5년을 기준으로 표시를 한다.

2. 낙엽송 조림지

1 낙엽송 조림지(좌: 강원도 홍천, 우: 강원도 평창)
2 낙엽송 5영급 인공림(좌: 강원도 강릉 왕산, 우: 강원도 평창)

3. 리기다소나무 조림지

1 리기다소나무 대면적 조림지(좌: 전라북도 진안군)와 4~5영급 인공림(우: 경기도 광릉)
2 일제강점기 조림지 리기다소나무 8~9영급 인공림(좌: 경기도 광릉, 우: 전라북도 무주)

4. 소나무 조림지

1 일제강점기 소나무 파종조림지 9영급(강원도 대관령)
2 소나무 조림지(좌: 경상남도 울진군 서면 소광리 파종 조림지)와 소나무 5영급 인공림(우: 강원도 임계)

5. 삼나무 조림지

일제 삼나무 조림지 8~9영급(좌: 제주특별자치도 서귀포)과
삼나무 인공림 5~6영급(우: 전라남도 장성)

6. 편백 조림지

편백 인공림(전라남도 장성 6영급)

7. 곰솔 조림지

곰솔 3영급 인공림(전라남도 신안)

8. 아까시나무 조림지

대면적 조림지(좌: 경기도 화성)와 일제강점기 아까시나무 8영급 조림지(우: 경기도 광릉)

우리나라 주요 조림수종 조림지

219

9. 상수리나무 조림지

일제강점기 아까시나무 8영급 조림지(좌: 경기도 광릉)와 4영급 인공림(우: 울산광역시)

10. 느티나무 조림지

일제강점기 느티나무 8영급 조림지(경기도 광릉)

11. 가래나무 조림지

대면적 조림지(좌: 충청북도 충주)와 가래나무 인공림 4영급(우: 강원도 홍천)

12. 자작나무 조림지

자작나무 인공림 3영급(좌: 강원도 홍천, 우: 충청북도 충주)

참고문헌

국가기록원 - 6·25전쟁

http://theme.archives.go.kr/next/625/warResult.do

국가기록원 - 조림사업

http://theme.archives.go.kr/next/forest/project/afforestationStep
　　01~05.do

국가기록원 - 사방사업

http://theme.archives.go.kr/next/forest/project/erosionControlSte
　　p01.do

국가기록원 - 도시녹화

http://theme.archives.go.kr/next/forest/scene/greeningCity.do

국가기록원 - 화전정리사업

http://theme.archives.go.kr/next/forest/project/burnField.do

국가기록원 - 녹화사후관리

http://theme.archives.go.kr/next/forest/scene/greenCareOutline.do

국가기록원 - 국민식수운동

http://theme.archives.go.kr/next/forest/scene/plantTreesPattern01
　　~4.do

국가기록원 - 사방사업 성공사례

http://theme.archives.go.kr/next/forest/scene/successfulCase.do

국방일보(2012), "무지개 병영토크", 2012년 11월 2일, 12~13쪽.

고영선(2008), 《한국경제의 성장과 정부의 역할》, 한국개발연구원, 444쪽.

김남일·최순(1998), "인구이동과 지역단위별 농촌인구분포의 변화", 《한국인구학》21권 1호, 42~79쪽.

김종철(2011), "산림녹화성공 기적의 나라 한국",《한국임업신문》, 231쪽.

김태현(1996), "농촌인구의 특성과 그 변화(1960~1995)",《한국인구학》19권 2호, 77~105쪽.

녹색사업단(2009), "30년 SK식 나무사랑·인재사랑",《녹색소리》2009년 겨울호, 18~19쪽.

독립기념관(1989),《한국의 경제발전》, 79쪽.

동부지방산림청(2002),《국유림 경영 100년사》, 419쪽.

_____(2006), 대관령 생태복원 조림 30주년 기념세미나, 65쪽.

박대원(1988), "시범산림경영 독림가 소개 이용환독림가",《산림지》1998년 3월, 75~78쪽.

배재수·이기봉·주린원(2005), "일제 강점기 조선의 산림 이용",《국립산림과학원 연구보고》, 110쪽.

_____(2010), "한국의 산림녹화 성공요인",《국립산림과학원 연구신서》37호, 150쪽.

산림청(1960~2010),《임업통계연보》, 산림청.

_____(1980),《화전정리사》, 607쪽.

_____(1996),《한국임정 50년사》, 1011쪽.

_____(2007a),《제5차 산림 기본계획(2008-2017)》, 196쪽.

_____(2007b),《한국사방 100년사》, 838쪽.

_____(2007c),《'대한민국 山' 세계는 기적이라 부른다》, 309쪽.

생명의 숲 가꾸기 운동본부(2000), "대표적 조림 성공지 사례조사 및 국·영문 홍보책자 제작 사례",《산림청용역보고서》, 100쪽.

연합뉴스(2009), "100년전 우리 산림..민둥산에 어린소나무만" http://www. yonhapnews.co.kr/culture/2009/09/08/0906000000AKR200909 08123300063.HTML

월간 조선(2011), "산림녹화의 기적",《월간조선》1월호 별책부록.

윤영학(1997), "성공사례: 대를 물려주는 것을 보람으로 여기는 임업인/산은 우리의 마지막 미래",《산림지》1997년 4월호, 162~164쪽.

이경준 · 김의철(2010),《민둥산을 금수강산으로》, 도서출판 기파랑, 361쪽.

이규현(1988), "독림가 수기",《산림》6월호, 67~69쪽.

이승남(2008), "장성 편백림과 임종국 선생",《산림지》2008년 9월호, 92~95쪽.

이우연(2011a), "조선후기 산림소유권의 특성(I)",《산림지》2011년 4월호, 44~46쪽.

_____(2011b), "조선후기의 산림황폐(I): 연료와 목재 채취의 증가",《산림지》2011년 12월호, 38~41쪽.

_____(2012a), "조선후기 산림 황폐의 실상(II)",《산림지》2012년 3월호, 36~40쪽.

_____(2012b), "조선의 산림 황폐화와 농업의 쇠퇴",《산림지》2012년 4월호, 36~39쪽.

임업연구원(1999),《소나무 소나무림》, 205쪽.

전영우(1993), 조선시대의 소나무 시책.《숲과문화총서 1. 소나무와 우리문화》, 숲과 문화연구회, 50~60쪽.

_____(2001), "조림왕 임종국의 성취와 좌절",《산림지》2001년 4월호, 26~29쪽.

조선산림회(1933),《조선임업일지》.

조선총독부(1909~1942),《조선총독부통계연보》.

조윤제 · 박창귀 · 강종구(2012), "한국의 경제성장과 사회지표의 변화",《금융경제연구 Workingpaper》470호, 한국은행 경제연구원, 124쪽.

통계청(2011),《2010 인구주택총조사 집계 잠정결과》, 65쪽.

한겨레(2011), "이야기가 있는 한국의 숲", 2011년 7월13일, 28면.

한국행정학회(2009), "한국의 치산녹화 성공 사례 분석",《산림청 용역보고서》, 324쪽.

홍은주(1997), "신라때의 잣나무 인공조림",《산림지》1997년 12월호, 142~144쪽.

주

일제강점기 이전의 조림의 역사와
황폐화

1 홍은주, 1997

2 임업연구원, 1999

3 전영우, 1993

4 이우연, 2012a

5 이우연, 2012b

6 이우연, 2011a

7 조선총독부, 1910~1942

8 이우연, 2011b

9 상동

10 《연합뉴스》, 2009

11 이경준 등, 2010

12 상동

13 배재수 등, 2005

14 이경준 등, 2010

15 국가기록원 - 6·25전쟁

16 김종철, 2011

17 이경준 등, 2010

산림 녹화

1 산림청, 1996

2 국가기록원 - 국민식수운동

3 국가기록원 - 조림사업

4 산림청, 1996

5 국가기록원 - 조림사업

6 산림청, 1996

7 산림청, 2007c

8 국가기록원 - 조림사업

9 산림청, 1996

10 국가기록원 - 사방사업

11 산림청, 1996

12 상동

13 상동

14 상동

15 《월간 조선》, 2011년 1월호

16 상동

17 산림청, 2007c

18 산림청, 1996

19 산림청, 1970~2010

20 국가기록원 - 국민식수운동

21 산림청, 1996

22 한국행정학회, 2009

23 국가기록원 - 국민식수운동

24 산림청, 1996

25 국가기록원 – 녹화사후관리

26 산림청, 1996

27 상동

28 상동

29 국가기록원 – 조림사업

30 산림청, 1996

31 산림청, 1970~2010

32 상동

33 상동

34 상동

35 상동

36 산림청, 1996

37 국가기록원 – 조림사업

38 산림청, 1970~2010

39 상동

40 상동

41 상동

42 상동

43 산림청, 2007a

44 산림청, 1970~2010

45 상동

46 상동

47 상동

48 상동

49 산림청, 2007a

치산사업 및 보호사업

1 산림청, 2007b

2 상동

3 국가기록원 – 사방사업

4 산림청, 2007b

5 국가기록원 – 도시녹화

6 국가기록원 – 사방사업
  성공사례

7 산림청, 2007b

8 상동

9 상동

10 상동

11 상동

12 산림청, 1980

13 배재수 등, 2010

14 국가기록원

15 한국행정학회, 2009

16 상동

17 상동

18 국가기록원 – 화전정리사업

19 산림청, 1980

20 배재수 등, 2010

21 산림청, 1996

22 상동

23 상동

24 상동

25 상동

26 산림청, 2007c

27 산림청, 1996

28 동부지방산림청, 2002

29 산림청, 1996

30 상동

31 상동

조림 성공지 사례

1 동부지방산림청, 2002

2 상동

3 산림청, 2007c

4 《한겨레》, 2011

5 동부지방산림청, 2006

6 생명의 숲 가꾸기 운동본부, 2000

7 생명의 숲 가꾸기 운동본부, 2000

8 산림청, 2007b

9 상동

10 상동

11 상동

12 생명의 숲 가꾸기 운동본부, 2000

13 녹색사업단, 2010

14 생명의 숲 가꾸기 운동본부, 2000

15 상동

16 상동

17 《국방일보》, 2012년 11월 2일

18 생명의 숲 가꾸기 운동본부, 2000

19 상동

20 전영우, 2001

21 이승남, 2008

22 이규현, 1988

23 생명의 숲 가꾸기 운동본부, 2000

24 상동

25 산림청, 2007c

26 생명의 숲 가꾸기 운동본부, 2000

27 박대원, 1988

28 생명의 숲 가꾸기 운동본부, 2000

29 박대원, 1998

30 생명의 숲 가꾸기 운동본부, 2000

31 윤영학, 1997

우리나라의 조림 성공 요인

1 독립기념관, 1989

2 조윤제 등, 2012

3 독립기념관, 1989

4 조윤제 등, 2012

5 통계청, 2011

6 배재수 등, 2010

7 김남일 · 최순, 1998

8 배재수 등, 2010

9 상동

10 한국행정학회, 2009

11 배재수 등, 2010

12 상동

13 한국행정학회, 2009

사진출처

126   동부지방산림청